DIE DEUTSCHE REICHSBAHN

JANUSZ PIEKALKIEWICZ

DIE DEUTSCHE REICHSBAHN
im Zweiten Weltkrieg

trans
press
spezial

Einbandgestaltung: Andreas Pflaum, unter Verwendung eines Fotos von
Reinhard Schulz.

ISBN 3-344-70812-0

5. Auflage 1998
Copyright © by Transpress Verlag, Postfach 103743, 70032 Stuttgart.
Ein Unternehmen der Paul Pietsch Verlage GmbH + Co.

Druck: Dr. Cantz'sche Druckerei, 73760 Ostfildern.
Bindung: E. Riethmüller, 70176 Stuttgart
Printed in Germany.

INHALTSVERZEICHNIS

VORWORT

Die Aufgaben der Deutschen Reichsbahn, den Transport und Verkehr im Zweiten Weltkrieg zu bewältigen, waren umfangreich und von entscheidender Bedeutung. So vielseitig wie ihre Beziehungen zu Kriegführung, Kriegsrüstung und Parteispitze ist auch ihre Geschichte.

Zu keinem Zeitpunkt mußte die Deutsche Eisenbahn mit größeren Schwierigkeiten fertig werden, in keinem Abschnitt ihres Daseins wurden höhere Leistungen gefordert und auch vollbracht. Dies hat sowohl den Verlauf als auch die Dauer des Krieges wesentlich beeinflußt. Doch in krassem Gegensatz zu allen drei Wehrmachtteilen oder der SS, aus deren Reihen mancher aus diesen oder jenen Gründen Bekanntheit erlangte, blieben die Hunderttausende der blau und feldgrau uniformierten Eisenbahner für ihre Zeitgenossen anonym. Selbst General Gerke, oberster Chef des militärischen Transportwesens, ist für Uneingeweihte eine recht fremde Figur. Der Mann, der vom ersten bis zum letzten Kriegstag mit sicherer Hand ein Verkehrswesen führte, das zeitweise den gesamten europäischen Kontinent mit Ausnahme der Iberischen Halbinsel umfaßte, bleibt in den meisten Annalen des Zweiten Weltkrieges unerwähnt. Ein profundes Gedächtnis, das ihn nie im Stich ließ, half ihm, den so komplizierten und schwerfälligen Apparat trotz der enormen Belastungen durch Feind- und Freundeinwirkungen über Scylla und Charybdis zu lenken.

Wie ihm aber wirklich diese enorme Leistung gelang, weiß heute niemand so genau. Der gebrechliche, bescheidene und von Schicksalsschlägen geplagte Gerke, ein echter Sonderling in Generalsmontur, befahl kurz nach der Niederlage, seine sämtlichen Kriegstagebücher zu verbrennen. Und als General Gerke 1946 im Lazarett eines amerikanischen Kriegsgefangenenlagers zu Marburg an der Lahn aus dem Leben schied, nahm er seine Geheimnisse mit ins Grab.

Dazu sind beim totalen Zusammenbruch des Reiches im Jahre 1945 unersetzliche Dokumente verlorengegangen, und die wichtigsten Akten mit Verschlußsachen-Siegel wurden befehlsgemäß nahezu restlos vernichtet.

Die Besatzungsmächte trugen zu dieser Misere bei: Einerseits beschlagnahmten sie ganze Wagenladungen mit wertvollen Akten, die auf Nimmerwiedersehen verschwanden, andererseits bewirkten die von ihnen angedrohten Strafen, daß zahlreiche noch hier und da vorhandene Unterlagen zur Vermeidung persönlicher Nachteile schleunigst beseitigt wurden.

6

Ähnlich gingen die harmlosen, aber aufschluß-reichen Dokumente, wie Betriebslagemeldungen und dergleichen, bei dem Rohstoffmangel der ersten Jahre tonnenweise in die Papiermühlen.

Da auch führende Persönlichkeiten der Reichsbahn sowie maßgebende Militärs nicht mehr unter den Lebenden weilen und ihre Berichte und Statistiken, die damals aus Geheimhaltungsgründen nicht veröffentlicht werden durften, heute aber wichtige Aufschlüsse über die militärische Leistungsfähigkeit der Eisenbahn oder deren Kriegsverluste geben könnten, meist den Flammen anvertrauten, ist es ein ganz besonderes Unterfangen, die Kriegsgeschichte der Deutschen Reichsbahn selbst in Fragmenten zu rekonstruieren.

(Janusz Piekalkiewicz)

Chef des Transportwesens: General der Infanterie Rudolf Gercke

1

»Im modernen Bewegungskrieg ist die Taktik nicht mehr die Hauptsache; der entscheidende Faktor ist die Organisation der Versorgung, um das Bewegungsmoment durchzuhalten« — schrieb einmal Liddell Hart, und er behielt damit recht.

Durch die anfänglichen Erfolge des Blitzkrieges irregeführt, glaubt Hitler, daß die Motorisierung des Heeres die Bedeutung der Eisenbahn bei der Bewältigung der logistischen Probleme überspielt. Diese falsche Annahme, vor allem im Ostfeldzug, rächt sich tragisch: Erst zu spät merkt die deutsche Führung, daß der klassische Schienenstrang auch in diesem Krieg der sicherste und leistungsfähigste Verkehrsweg ist. Dabei gilt gerade die von Hitler verkannte deutsche Eisenbahn seit eh und je als eine der besten der Welt. Zu der Zeit, als Hitler seine Eroberungspläne zu verwirklichen gedenkt, ist die Deutsche Reichsbahn (DRB) eine perfekt geführte Organisation.

An der Spitze steht das Reichsverkehrsministerium mit acht Eisenbahnabteilungen. Ihm nachgeordnet sind drei Oberbetriebsleitungen: Ost in Berlin, Süd in München und West in Essen. Hinzu kommen 26 Reichsbahndirektionen und für besondere Aufgaben zwei Eisenbahnzentralämter in Berlin und München.

Mit der Übernahme der Österreichischen Bundesbahnen bilden sich vier neue Reichsbahndirektionen: Innsbruck, Linz, Villach und Wien. Die RBD Innsbruck wird im Juli 1939 auf die angrenzenden Reichsbahndirektionen aufgeteilt, ebenso die sudetendeutschen Gebiete bei der Übernahme. Die Memelländischen Bahnen werden der RBD Königsberg (Pr) unterstellt. Die Protektoratsbahnen Böhmen und Mähren nehmen eine Sonderstellung ein. Das Protektorat ist autonom, das Reich selbst führt jedoch die Aufsicht über das Verkehrswesen.

Die militärischen Interessen vertritt, abgesehen von den dem Chef des Transportwesens vorbehaltenen Grundsatzfragen, die Generaltransportabteilung, später die Wehrmachtstransportabteilung. Das militärische Transportwesen untersteht dem »Chef des Transportwesens«, General Gerke. Er gehört zum Generalstab im Oberkommando des Heeres und wird gleichzeitig »Wehrmachtstransportchef« im Oberkommando der Wehrmacht. Seine Dienststellung gleicht der eines »Kommandierenden Generals«. Zur Bewältigung seiner Aufgaben auf allen Kriegsschauplätzen verfügt er über:

1. Die Feldtransportabteilung für Planung und Durchführung der Truppen- und Versor-

gungstransporte sowie des Wehrmachtsreiseverkehrs.

2. Die Planungsabteilung für Organisation des Transportwesens, Bau und Betrieb von Verkehrswegen im Inland und besetzten Ausland.

3. Die Heimattransportabteilung für alle verwaltungs- und tarifrechtlichen Angelegenheiten im Heimatkriegsgebiet und für die Zusammenarbeit mit den einschlägigen zivilen Ministerien.

4. Die Personalabteilung für die personalwirtschaftliche Bearbeitung der im Transportwesen eingesetzten Dienststellen und Truppen.

5. Die Nachrichtenabteilung für Aufbau und Betrieb des eigenen Transport-Fernmeldenetzes und zur Führung der entsprechenden Nachrichtentruppen.

Weiter ist ihm auch der »Befehlshaber der Eisenbahnpioniertruppen« (»Bedeis«) unterstellt, der alle Eisenbahnpioniere truppendienstlich führt und gleichzeitig technischer Berater des »Transportchefs« ist. Die Abteilungen 4 und 5 entstehen erst im Laufe des Zweiten Weltkrieges.

Die Aufgabe des »Chefs des Transportwesens« umfaßt sowohl den Eisenbahn- als auch Binnenschifftransport. Nachgeordnet sind die territorialen Transportdienststellen, zu denen die Transportkommandanturen jeweils am Sitz einer Eisenbahndirektion im Inland und besetzten Ausland gehören. Ihnen unterstehen wiederum Bahnhofsoffiziere auf großen Knotenpunktbahnhöfen sowie »fliegende« Ein- und Ausladekommissare. Ab 1941 werden diese Transportkommandanturen gebietsweise in »Wehrmachtstransportleitungen« und Transportdienstleitstellen bei den großen Kommandobehörden, wie Heeresgruppen oder Armeen, zusammengefaßt.

Dem General des Transportwesens bei einer Heeresgruppe stehen rund 51010 Mann zur Verfügung: eine Eisenbahnpionier-Brigade mit insgesamt 14858 Mann, ein Eisenbahn-Nachrichten-Regiment mit 1500 Mann, eine leichte Flak-Abteilung zum Schutz der Eisenbahntransporte mit 600 Mann, ein Transportsicherungsregiment mit Stab und Bataillonen (insgesamt 8617 Mann), eine Feldeisenbahnabteilung mit Feldbetriebsabteilungen, Feldmaschinenabteilungen, Feldwerkstättenabteilungen sowie Landesschützenbataillone mit einem Ausbildungsbataillon (insgesamt 22112 Mann) sowie verschiedene andere Abteilungen.

Die Eisenbahnpioniertruppen sind mit der ersten behelfsmäßigen Instandsetzung der Strecken und Objekte beim Vormarsch und der Errichtung eines Frontbetriebes betraut. Beim Rückzug haben sie die Eisenbahnanlagen zu zerstören.

Das bei Kriegsbeginn bestehende Eisenbahnnetz im deutschen Reichsgebiet hat eine Länge von rund 68000 km. Für den Reise- und Güterverkehr stehen 12 317 Bahnhöfe der Reichsbahn und 1708 Bahnhöfe von Privatbahnen zur Verfügung. Der Fahrzeugpark umfaßt etwa 23000 Lokomotiven, 1892 Triebwagen, 69000 Personenwagen, 605000 Güterwagen und 21 000 Packwagen.

Man läßt jedoch die DRB ungenügend vorbereitet in den Zweiten Weltkrieg treten. Im Herbst 1939 gibt es sogar weniger Lokomotiven als 1914. Die Schuld daran trägt auch das Konzept der Vollmotorisierung, symbolisiert durch die Reichsautobahnen; ebenso stehen Personal und Material in keinem Verhältnis zum sonstigen Stand der Rüstung des Reiches.

10

Die präzisen militärischen Vorbereitungen des Aufmarsches gegen Polen ermöglichen es, daß er planmäßig verläuft – sieht man von einigen Störungen ab –, obwohl die Gesamtzahl der durchgeführten Transporte größer ist als im Jahre 1914: Durchschnittlich legen in dieser Zeit 4000 Züge mit 55 000 Wagen 200 Kilometer zurück.

Das Oberkommando des Heeres will dabei unbedingt die einzige Eisenbahnverbindung zwischen Ostpreußen und dem Reich, die bis jetzt durch den sogenannten »Polnischen Korridor« verläuft, unzerstört in die Hand bekommen. Wichtigster und verwundbarster Punkt dieses Planes ist jedoch die Weichselbrücke bei Tczew (Dirschau). Fliegt sie in die Luft, wird der reibungslose Nachschub für die 3. Armee in Ostpreußen nicht mehr möglich sein. Wie der Chef des Generalstabes, General d. Art. Halder, in seinem Tagebuch notiert, macht man sich Gedanken, wie die Dirschauer Brücke in einem Handstreich genommen werden kann.

Oberst der Eisenbahnpioniere Karl Busick, ein ehemaliger österreichischer Offizier, bekommt den Auftrag, die Eisenbahnbrücke bei Tczew (Dirschau) zu erkunden und alle Vorbereitungen zu treffen, um im Falle einer Sprengung seitens der polnischen Armee eine schnelle Wiederherstellung der Brücke zu gewährleisten. Bereits am 5. August kann Busick erste Erkundungsergebnisse melden, die er als Zivilist auf seinen Eisenbahnfahrten über die Brücke und durch Beobachtungen mit dem Fernglas vom erhöhten Marienburger Ufer aus gemacht hat. Dabei ermittelte er, wo sich polnische Wachtposten aufhalten, wo Sprengladungen und Sprengstellen liegen, wie die Sprengleitungen verlaufen und welche Schäden entstehen können. Busick vermutet, was sich später auch bestätigt, daß die Sprengung von einem kleinen Häuschen am Bahnhof Tczew aus erfolgen soll. Der Österreicher gibt nun die Stellen an, wo man vorsorglich das für eine Instandsetzung erforderliche Material in der Nähe des Bahnhofes Marienburg lagern kann. Der Transport des Gerätes muß jedoch unter strengster Geheimhaltung vor sich gehen, da die polnischen Eisenbahner mit ihren Lokomotiven bis in den Bahnhof Marienburg einfahren.

Hitler läßt sich über die Ergebnisse der Erkundungen berichten und schaltet Himmler mit ein. Welch große Bedeutung das OKW diesem Unternehmen beimißt, zeigt die »Weisung Nr. 1 für die Kriegführung« vom 31. August 1939, in der Tczew (Dirschau) namentlich erwähnt ist. Der Befehl verlangt, »bei Beginn der Kriegshandlungen sofort die Eisenbahnbrücke und auch die südlich davon gelegene Straßenbrücke im Handstreich zu nehmen«.

Die Luftwaffe hat Order, polnische Soldaten durch rollende Einsätze daran zu hindern, das wichtige Objekt zu zerstören. Vorher soll in gezielten Bombenangriffen die Zündstelle, das von Oberst Busick entdeckte Häuschen, ausgeschaltet werden. Oberleutnant Bruno Dilley, Führer der 3. Staffel im Stuka-Geschwader 1, und sein Funker, Oberfeldwebel Hans Kather, erhalten den Befehl, diesen Einsatz durchzuführen. Es wird der erste Bombenangriff des Zweiten Weltkrieges.

Die beiden Flieger sind öfter, als Zivilisten getarnt, mit dem D-Zug Königsberg–Berlin über die Brücke von Tczew gefahren und stellten fest, daß die Zündleitungen schnurgerade von der Zündstelle am Bahnhof entlang der Südböschung des Bahndamms verlaufen. Im Fliegerhorst Insterburg üben sie daraufhin tagelang mit ihrer Ju 87 B einen gezielten Angriff auf dieses winzige Objekt.

Auf dem Bahnhof Marienburg sollen mehrere Pionierkompanien in einem leeren Güterzug versteckt werden, den man als Leergüterzug der polnischen Eisenbahnbetriebsleitung im Bahnhof Tczew zum Abholen anbieten will. Das Lokomotivpersonal wird dann in Marienburg überwältigt und auf der Rückfahrt durch Deutsche in polnischen Uniformen ersetzt. In kurzem Abstand soll ein Panzerzug mit einer Kampfgruppe des Heeres unter Führung von Oberst Medem dem »Leergüterzug« folgen. Für den gleichen Moment, in dem der Zug sich der Eisenbahnbrücke nähert, ist der Stuka-Angriff auf den Bahnhof Tczew geplant. Hat der Zug die Brücke erreicht, sollen die Pioniere aus den Waggons springen, die noch unversehrten Zündleitungen zu den Sprengstellen, die Oberst Busick erkundet hat, zerschneiden und die polnische Brückenwache gefangennehmen. Da gerade zum Zeitpunkt des Überfalls ein deutscher D-Zug aus Schneidemühl die Strecke befährt und in Dirschau halten muß, bekommt die Transportkommandantur Frankfurt (Oder) den Auftrag, den D-Zug unter einem fadenscheinigen Vorwand in Schneidemühl so lange stehen zu lassen, bis der Fliegerangriff vorbei sei.

Zwanzig Minuten vor Beginn des von Hitler geplanten Krieges starten die drei Stukas der 3. Staffel unter Oberleutnant Dilley aus dem in der Nähe liegenden Elbing. Im Morgengrauen des 1. September 1939 rasen sie im Tiefflug über die nebelbedeckte Weichselniederung in Richtung der verhängnisvollen Brücke. Um 4.34 Uhr explodieren die Bomben genau in ihrem Ziel.

Doch es läuft nicht wie geplant: Der Panzerzug des Oberst Medem wird von den Polen aufgehalten. Um 6.30 Uhr, lange bevor die ersten deutschen Vorposten Tczew erreichen, jagen

sie die Brücke, die bei der Fertigstellung im Jahre 1857 mit ihren sechs je 131 Meter langen, die Weichsel und das Vorland überspannenden Teilen als das kühnste Brückenbauwerk der Welt galt, in die Luft. Damit ist die einzige Eisenbahnverbindung nach Ostpreußen unterbrochen, und ein großer Teil des Nachschubs muß nun auf Umwegen über die Ostsee herangeschafft werden.

Freigabe des Schnellzugverkehrs Berlin–Ostpreußen über Stettin–Danzig–Dirschau für den öffentlichen Verkehr
»Vom 2. Oktober 1939 an ist der Verkehr Ostpreußen mit dem übrigen Reichsgebiet über folgende Landverbindung hergestellt: Berlin Stettiner Bf. ab 8.40 Uhr, Danzig Hbf. an 16.52 Uhr, Dirschau an 17.28 Uhr. In Dirschau ist der Übergang über die Weichsel mit der Fähre und anschließend Kraftomnibusfahrt nach Bahnhof Ließau notwendig... Um dem starken Andrang für diese Züge zu entsprechen, hat sich die Reichsbahn entschlossen, für diese D-Züge Vor- und Nachzüge zu fahren. Die Reisenden brauchen keinen besonderen Durchlaßschein, jedoch ist der Besitz eines amtlichen Lichtbildausweises erforderlich. In dem ehemaligen polnischen Gebiet ist ein Verlassen des Zuges nicht gestattet. Die noch bestehenden Zoll- und Devisenbestimmungen an der Grenze des ehemaligen Freistaates Danzig bleiben von dieser Regelung unberührt.«
Reichsbahn, 41/1939

Erst am 15. Oktober 1939 kann wieder ein Zug die Brücke von Tczew passieren.
Zwar bleiben die beiden Weichselbrücken in Warschau von den Kampfhandlungen verschont, doch elf Brücken über Weichsel, San

und Bug liegen bereits in Trümmern. Die rund 8000 völlig zerstörten und 25 000 beschädigten Eisenbahnwagen in Polen gehen überwiegend auf das Konto der deutschen Luftwaffe. Eisenbahnpioniere beginnen umgehend mit den Reparaturarbeiten an beschädigten Bahnanlagen, Soldaten nehmen mit Hilfe polnischer Eisenbahner einige Teilstrecken in Betrieb.

Zu Beginn des Polenfeldzuges vollbringen die deutschen Eisenbahner ihre erste große Kriegsleistung: den Transport der 86 nichtmotorisierten Divisionen an die Ost- und Westgrenzen des Reiches.

Der Polenfeldzug verlief schnell, und während der Kämpfe spielt die Eisenbahn für den Nachschub keine große Rolle, doch erreicht die Zerstörung der Eisenbahnlinien ein bisher nicht gekanntes Ausmaß.

Mit der Mobilmachung tritt bei der Deutschen Reichsbahn die Dienstanweisung zur Einführung des Höchstleistungsfahrplanes in Kraft. Der öffentliche Verkehr wird in der Nacht vom 25. zum 26. August 1939 vorübergehend fast völlig eingestellt.

Aus Poznan wird Posen
»Am Sonntag, dem 24. September 1939, fand in Posen die feierliche Flaggenhissung auf dem Gebäude der Eisenbahndirektion statt. Mit dieser symbolischen Handlung begann die offizielle Tätigkeit der ersten deutschen Eisenbahndirektion auf altem deutschen Boden nach über 20jährigem polnischem Interregnum…«
Reichsbahn, 41/1939.

Auch Hitler weiß die Vorzüge und Bequemlichkeit der Deutschen Reichsbahn zu schätzen. Am 3. September 1939 – Frankreich und England haben gerade dem Dritten Reich den Krieg erklärt – verläßt der Führer mit seinen Paladinen Berlin und begibt sich an die polnische Front. Das »erste Führerhauptquartier« stellt die Deutsche Reichsbahn zur Verfügung. Es ist ein Sonderzug mit je einem Flakwagen mit 2-cm-Kanonen am Anfang und Ende des Zuges, mehreren Wagen für Nachrichtenübermittlung und die Presse, je einem Arbeits- und Salonwagen für Hitler, Schlafwagen zur Unterbringung des Stabes und mit einem Speisewagen. Das rollende Hauptquartier mit seiner auf Hochglanz polierten Wagenschlange dampft zuerst nach Bad Polzin, dann nach Groß-Born, und wird später dicht am Bahnhof von Illnau, unweit Oppeln, auf einem Nebengleis abgestellt. Von dort aus macht Hitler in einem schweren Mercedes-Benz G4 seine Stippvisiten an der Front.

Am 16. September wechselt der Führer-Sonderzug seinen Standort nach Goddentow-Lanz bei Danzig. Kommandant dieses DRB-Führerhauptquartiers ist ein damals recht unbekannter Oberst, Erwin Rommel. Nach drei Wochen begibt sich Hitler am 26. September 1939 mit seinem »rollenden Hauptquartier« wieder nach Berlin. Erst im April 1941 – während des Balkanfeldzuges – benutzt er letztmalig den Reichsbahn-Sonderzug als sein Hauptquartier.

»Deutsche Eisenbahner!
In schicksalsschwerer Stunde hat uns der Führer zum Einsatz für die Sicherheit und den Frieden unseres Großdeutschen Vaterlandes aufgerufen. Ich bin gewiß, daß Euer immerbereiter Opfermut und Euer stets bewährtes Pflichtbewußtsein sich auch in den kommenden Tagen bewähren werden, und daß Ihr, gleich ob auf dem gewohnten Arbeitsplatz in der Heimat oder mit der Waffe in der Hand, Euch bis zum letzten hingeben werdet! Wir grüßen in dieser geschichtli-

chen Stunde in herzlichster Verbundenheit unsere Berufskameraden in Danzig, die nach der Rückkehr Danzigs zum Reich durch den Willen des Führers nunmehr auch nach äußerem Recht wieder geworden sind, was sie innerlich immer geblieben waren: deutsche Eisenbahner!

Deutsche Männer des Flügelrades! Wir alle stehen entschlossen in unverbrüchlicher Treue hinter dem Führer im Kampf für die Zukunft unseres herrlichen Reiches!

Dorpmüller, Reichsverkehrsminister und Generaldirektor der Deutschen Reichsbahn.«

6. September 1939.

Im Herbst 1939 muß auch nach der alliierten Kriegserklärung der gesteigerte militärische Verkehr bewältigt werden. Die britische Marine beginnt mit einer Blockade, die den Ozeanverkehr aller Schiffe der Achsenmächte unterbindet und den Küstenverkehr einschränkt. So wird eine Million Tonnen Ruhrkohle monatlich für die italienische Industrie, die bisher auf dem Seeweg befördert wurde, jetzt mit der Eisenbahn über die Alpen gebracht. Eine strenge Einschränkung des Benzinverbrauchs für nichtmilitärische Zwecke wirkt sich auf den Zivilverkehr der Eisenbahn aus.

Nach dem Polenfeldzug werden DRB-Direktionen in Posen, Danzig und Lodz eingerichtet. Lodz wird nach kurzer Zeit wieder aufgelöst, so daß nunmehr insgesamt 31 Reichsbahndirektionen bestehen.

Die strategisch wichtige Doppelbrücke über die Weichsel bei Tczew (Dirschau): Von polnischen Streitkräften gesprengt, September 1939

Bild 3 Fmm-Wagen mit Stahlwagen u. Hf 1

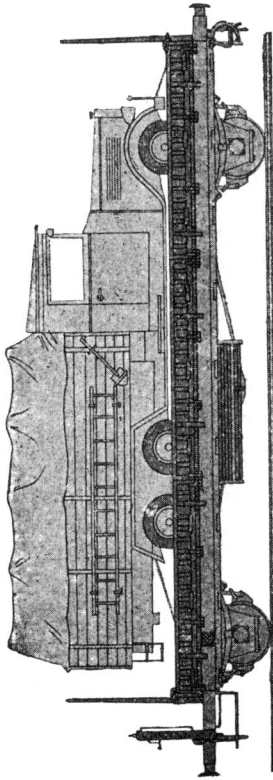

Bild 4 Re- und Rms-Wagen mit Mun. Anh.

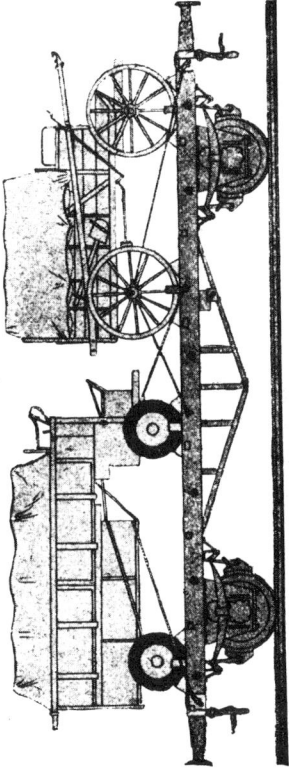

Bild 1 F-Wagen mit mittl. Lkw.

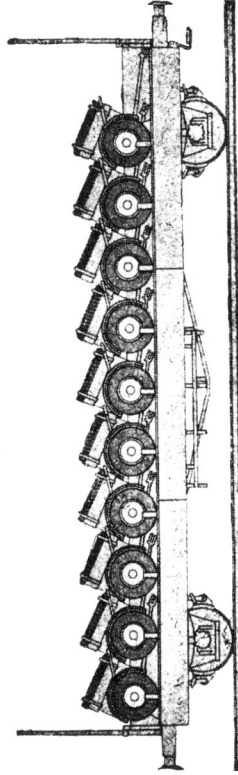

Bild 2 Re- und Rms-Wagen mit s. Lkw.

Aus: Heeres-Dienstvorschrift 1940

Winter 1939/40: Ein Zug auf der
Strecke Nowy Targ–Krakau bahnt
sich mühsam den Weg

Winter 1939/40: Die polnische Lok
Ty 23 blieb in den Schneewehen
kurz vor der Einfahrt zum Bahnhof
Zakopane stecken

16

Krakau, Hauptbahnhof, Herbst 1939: Eine Razzia der Schutzpolizei gegen polnische Reisende

Frühjahr 1940, Warschau Hauptbahnhof. Während des Baus, im Jahre 1938, brannte er aus, im September 1939 bekam er mehrere Volltreffer, und zur Zeit des Aufstandes 1944 wurde er restlos vernichtet

Oben, links: Berlin Anhalter Bahnhof, Herbst 1940: Schnellzuglok der Baureihe 01⁰, Bauart 2C1-h2, Gattung S 36.20, Baujahr 1925. Abgedunkelte Lampen

Rechts: Berlin Anhalter Bahnhof, Herbst 1940: Eine Personenzuglok (preußische P 8), Reichsbahn-Baureihe 38¹⁰, Bauart 2C-h2, Gattung P 35.17, Baujahre 1906–1922. Warnanstrich wegen der Verdunklung

Herbst 1940: Ein Blauer Eisenbahner im Dienst (Aufsichtsbeamter). Die neue, 1935 eingeführte Uniform

2

Lebensmittelkarten
»Ab Montag, dem 2. Oktober 1939, können
Mahlzeiten und Speisen auch in den Spei-
sewagen nur noch gegen die betreffenden
Abschnitte der für die Sicherstellung der
Ernährung des deutschen Volkes verteilten
Karten abgegeben werden. Die Reisenden
müssen also ihre Brot-, Fleisch-, Fett- und
Lebensmittelkarten bei sich führen ...«
Deutsches Nachrichtenbureau (DNB), 1. Ok-
tober 1939

Bis zum Winter 1939/40 ist fast das gesamte
polnische Eisenbahnnetz wieder betriebsklar,
die deutschen Armeen können von Bug und
San auf dem Schienenweg zurückgeführt werden. Die großen Städte erhalten wieder Lebensmittel und Kohle.

Beschleunigung des Wagenumlaufs
»Zur Beschleunigung des Wagenumlaufs
hat der Reichsverkehrsminister angeordnet,
daß Sonn- und Feiertage, an denen auf
Grund der Verordnung des Reichswirt-
schaftsministers vom 30. November 1939 Ei-
senbahngüterwagen vom Empfänger entladen werden müssen, für den Lauf der Abnahmefrist und die Berechnung des Wagen-

standsgelds als Werktage gelten. Für die
nicht innerhalb der Abnahmefrist entlade-
nen Wagen wird also an solchen Sonn- und
Feiertagen das tarifmäßige Wagenstands-
geld erhoben.«
DNB, 1. Dezember 1939

Die Verdunkelung
»Bei der ersten Fahrt während der Verdunkelung ist es auch für den streckenkundigen
Lokomotivführer besonders schwierig, sich
auf der Strecke und den Bahnhöfen zurecht-
zufinden, da die völlig dunkle Umgebung
ihm ein noch ungewohntes Bild zeigt und
ihm die Orientierung erschwert. Der Lokomotivführer erkennt vielfach den Standort
der Signale und besonders der Kennzeichen
zu spät oder nicht sicher genug, wodurch
die Unfallgefahr erhöht wird. Der Reichsverkehrsminister hat daher mit Erlaß vom
23. November dieses Jahres angeordnet, daß
die streckenkundigen Lokomotivführer auf
den Strecken, die sie während der Verdunkelung noch nicht befahren haben, zur Auf-
frischung der Streckenkenntnis unter den
erschwerten Umständen eine Belehrungs-
fahrt in der Zeit der Verdunkelung zu machen haben. Die Maßnahme ist so schnell

durchzuführen, wie es die Personallage irgend gestattet.«
NSBZ-Voraus, 17. 12. 1939

Am 15. Januar 1940 werden für das gesamte Reichsgebiet entscheidende Maßnahmen bekanntgegeben. Neben einer Verminderung der vorhandenen Zuschlagszonen für Eil- und Schnellzüge von fünf auf drei Zonen wird ein großer Teil der Fahrpreisermäßigungen, die verkehrswerbende Bedeutung haben, aufgehoben. So fallen zukünftig z. B. Sonntagsrückfahrkarten, Urlaubskarten, Zehner- und Rundreisekarten fort. Um das Zugpersonal zu entlasten, wird am 10. Februar 1940 ein Zuschlag von 50 Rpf für das Nachlösen in den Zügen eingeführt. Danach kommt es eigentlich bis zum Kriegsende zu keinen wesentlichen Tarifmaßnahmen mehr.

Deutsch-sowjetischer Güterverkehr
»Es tritt ein direkter deutsch-sowjetischer Gütertarif in Kraft, der den Verkehr über neun Grenzübergänge regelt, für die nachfolgend der deutsche und der sowjetische Grenzübergangsbahnhof angegeben werden: Szczepki/Augustow, Prostken/Grajewo, Malkin/Zaremba, Platerow, Siemiatytsche, Terespol/Brest-Litowsk, Cholm/Jagodzin, Belzec/Rawa Ruskaja, Zurawica/Peremyschl, Nowy Zagorz/Salush. Diese Übergänge werden sofort für den Güterverkehr geöffnet. Es werden schon seit einigen Tagen Mineralöl und Getreide in ganzen Zügen befördert. Lediglich die Öffnung des Übergangs Cholm/Jagodzin wird sich noch etwas verzögern, bis die über den Bug führende Brücke wiederhergestellt ist ...
Vorläufig werden die aus der Sowjetunion kommenden und für Deutschland bestimmten Güter auf den vorstehend genannten deutschen Grenzübergangsbahnhöfen in deutsche Güterwagen umgeladen. In der Richtung von Deutschland nach der Sowjetunion werden die Güter auf den genannten sowjetischen Grenzübergangsbahnhöfen umgeladen. Verhandlungen über den Personenverkehr werden demnächst folgen.«
DNB, 30. Januar 1940

Die Eisenbahn des Generalgouvernements, das aus einem Teil des besetzten Polen besteht, ist einer Generaldirektion der Ostbahn (Gedob) mit Sitz in Krakau unterstellt. Sie gehört zwar zur Reichsbahn, bleibt aber Eigentum des Generalgouvernements. Die Verwaltung der Gedob zeigt eine besondere Struktur. So ist das Weisungsrecht zwischen dem Reichsverkehrsminister und dem Generalgouverneur aufgeteilt. In die Kompetenz des Reichsverkehrsministers fallen: Verkehr, Betrieb, Maschinendienst, Bau, Werkstättenwesen und Verwaltung des deutschen Personals. Dagegen hat der Generalgouverneur ein Mitbestimmungsrecht auf den Gebieten Finanz- und Tarifwesen, einheimisches Personal, soziale Betreuung, Grundverwaltung und Presse. Die Struktur der Gedob wird mehrfach abgeändert, die Organisation der einzelnen Ämter wird schließlich im Jahre 1943 festgelegt.
Größere selbständige Dienststellen haben einen deutschen Vorsteher und einen kleinen Stab mit deutschem Personal. Anderen Leitdienststellen – vor allem auf Nebenstrecken – unterstehen Bahnhöfe und Abfertigungen mit rein polnischem Personal. In den Ausbesserungswerken beträgt das Überwachungspersonal lediglich zwei Prozent Deutsche, selbst Meister und Ingenieure sind Polen oder Ukrai-

ner. Für die geplagten Einwohner des General-gouvernements ist der Personalausweis der Ostbahn bald das begehrteste Ausweispapier, da es noch imstande ist, seine Inhaber vor den Willkürmaßnahmen der Behörden zu schützen und sie gleichzeitig von den Reisebeschränkungen für nichtdeutsche Personen befreit.

Noch im September 1940 macht Gedob-Präsident Gerteis Generalgouverneur Frank darauf aufmerksam, daß die Ernährungslage der polnischen Bediensteten bei der Ostbahn katastrophal sei. Die geschwächten Heizer in den Loks wären nicht mehr in der Lage, Kohlen in den Kessel zu schaufeln, denn die polnischen Eisenbahner erhalten nur ein Siebtel der Lebensmittel eines deutschen Arbeiters im Reich. Die polnischen Hilfskräfte arbeiten größtenteils willig mit, obgleich sie nur 10 Pfennig Stundenlohn bekommen und oft hungern müssen. Endlich wird beim Verpflegungsamt durchgesetzt, daß auch den einheimischen Eisenbahnern ein halbes Pfund Brot und ein halbes Pfund Büchsenfleisch sowie ein paar Zigaretten auf die Fahrt mitgegeben werden. Wegen des starken Ausfalls von Lokpersonal muß jedoch die Zahl der Züge reduziert werden.

Heim ins Reich mit der Reichsbahn
»Am 25. Januar 1940 überschritt der 100000. der ins Reich Umgesiedelten... die deutsch-russische Interessengrenze... Die durch die Schaffung dieser Interessengrenze zu Grenzbahnhöfen gewordenen, zum Teil sehr kleinen Eisenbahnhöfe mit sehr primitiven Gleis- und Ladeanlagen waren von vornherein keineswegs der Bewältigung des Massenverkehrs der Umsiedler gewachsen, sondern mußten schnellstens ausgebaut werden. Am ungünstigsten lagen die Verhältnisse in Przemysl, wo kein Bahn-hof vorhanden war, denn der Bahnhof Przemysl liegt auf russischer Seite. Etwa 80 Prozent der Umsiedler wurden von russischer Seite in Eisenbahnzügen gebracht; sie mußten mit ihrem umfangreichen Gepäck an der Interessengrenze in deutsche Züge umgeladen werden, die aus 10–20 Personenwagen gebildet waren, einer dieser Züge faßte bis zu 1200 Menschen.

Die Russen brachten die Umsiedlerzüge teils auf russischer Breitspur, teils auf Normalspur bis über die Sanbrücke auf die deutsche Seite, hier mußte auf freier Strecke oder auf einem Gleisanschluß umgeladen werden. Nur durch äußerst geschickten Einsatz der eingesetzten Eisenbahnbediensteten war es möglich, die gestellte Aufgabe zu lösen und die großen Schwierigkeiten zu meistern.« DNB, 27. April 1940

Durch den strengen Frost im ersten Kriegswinter kommt die deutsche Binnenschiffahrt völlig zum Erliegen, was den Güterverkehr noch mehr belastet. Schneeverwehungen, der sich ständig verringernde Personalbestand, überlange Dienstzeiten und zunehmender Lokomotivmangel beeinträchtigen die Leistungsfähigkeit der DRB erheblich. Mit fortschreitendem Kriegsverlauf steigt auch der Berufsverkehr und ballt sich besonders in den wichtigen Industriezentren. Die Hamsterfahrten aufs Land, Besuche von Verwundeten sowie der Wehrmachturlauberverkehr nehmen zu. General Gerke reserviert für verschiedene Operationen einen umfangreichen Lokomotiv- und Wagenpark, wodurch der Fahrzeugmangel noch vergrößert wird. Zwistigkeiten zwischen Gerke und höheren Reichsbahn-Dienststellen, dem Kohlenkommissar und der Industrie sind an der Tagesordnung.

Hauptwagenamt
»Um die Leerwagenbewegung in engste Verbindung mit der Betriebsführung zu bringen, wird das Hauptwagenamt vom 1. April 1940 ab der Generalbetriebsleitung Ost angegliedert. Das Hauptwagenamt bildet mit den dazugehörigen Büros innerhalb der Generalbetriebsleitung eine selbständige, die bisherige Abteilung III des Reichsbahn-Zentralamtes Berlin umfassende Abteilung mit der gleichen Zuständigkeit wie bisher. An der unmittelbaren Zusammenarbeit des Hauptwagenamtes mit den Reichsbahndirektionen, namentlich bei der Versorgung der Wirtschaft in den einzelnen Reichsbahndirektionen mit Wagen, ändert sich nichts …«
DNB, 25. Februar 1940

Eine Erleichterung in der Lenkung des Nachschubs bringt die Institution des »Zugverteilers«, der für die einzelnen Strecken Sollzahlen an Zügen in Richtung Front festlegt. Anfang 1941 übernehmen Leitstellen die Steuerung des Nachschubs. Als erste wird die Leitstelle Ost in Warschau, später die Leitstelle Südost in Wien eingerichtet. Sie haben dafür zu sorgen, daß jeglicher Nachschub mit dem Bedarf der Truppen und der Kapazität der DRB abgestimmt wird. Erst dank der Tätigkeit von Leitstellen und Zugverteilern rollt der Nachschub reibungsloser.

Zulassungskarten
»Die Reichsbahn kann wegen ihrer starken Belastung mit Kriegsaufgaben sowie durch den lebenswichtigen Güterverkehr einen gesteigerten Personenverkehr zu Pfingsten nicht hinreichend bedienen und bittet deshalb wiederholt, unnötige Reisen an den kommenden Feiertagen zu unterlassen. Um im Fernreiseverkehr die Ordnung aufrechtzuerhalten, dürfen in der Zeit vom Donnerstag, dem 9. Mai, 18 Uhr, bis Dienstag, dem 14. Mai, 24 Uhr (ausgenommen Pfingstsonntag) bestimmte D- und Eilzüge, die von den Reichsbahndirektionen bekanntgegeben werden, … nur mit besonderen Zulassungskarten benutzt werden. Befreit von der Lösung von Zulassungskarten sind Übergangsreisende, Reisende mit Wehrmachtsfahrscheinen, Inhaber von Zeit-, Netz- und Bezirkskarten und von Karten für Bettplätze in Schlafwagen.
Die Zulassungskarten sind zu dem Fahrausweis hinzuzulösen und werden in zeitlicher Reihenfolge und in beschränkter Zahl, solange der für den einzelnen Zug festgesetzte Vorrat reicht, bei den von den Reichsbahndirektionen bezeichneten Fahrkartenausgaben und Reisebüros gebührenfrei abgegeben…
Die Zulassungskarten gewähren weder einen Anspruch auf Beförderung noch auf einen Sitzplatz oder einen Platz in der Wagenklasse des Fahrtausweises. Die Geltungsdauer des Fahrtausweises beginnt erst mit dem Tage, für den die Zulassungskarte gelöst wurde. Diese ist daher erst nach Beendigung der Reise zusammen mit dem abgefahrenen Fahrausweis zurückzugeben. Reisende, die während der Sperrzeit mit einem beschränkt freigegebenen Zug von einer der genannten Städte aus die Rückreise antreten, müssen sich dort eine besondere Zulassungskarte für die Rückfahrt beschaffen. Erhalten sie für den gewünschten Zug keine mehr, so werden sie zu einer anderen Zeit zurückfahren müssen; damit sie sich von vornherein hierfür vorsehen, wird hierauf

ganz besonders aufmerksam gemacht. Wer unberechtigt einen Zug ohne Zulassungskarte benutzt, setzt sich dem Ausschluß von der Fahrt und einer Bestrafung wegen Bahnpolizeiübertretung aus ...«
DNB, 3. Mai 1940

Der Aufmarsch im Winter und Frühjahr 1940 vor dem Westfeldzug gegen Frankreich, Belgien, Holland und Luxemburg umfaßt 136 Divisionen. Infolge der starken Motorisierung des Heeres ergeben sich auch beim Westfeldzug kaum Schwierigkeiten im Nachschub. Die Eisenbahn kann der schnell fortschreitenden Operation wegen der umfangreichen Zerstörungen der Verkehrswege nur langsam folgen und trägt daher wenig zur Entscheidung bei.
Die Eisenbahnpioniere stellen die Hauptstrecken der Französischen Staatsbahn (SNCF) im Rekordtempo wieder her. Dr. Dorpmüller, der deutsche Verkehrsminister und zugleich Generaldirektor der Reichsbahn, kann bereits am 18. Juli 1940, drei Wochen nach der Kapitulation, im Zug nach Paris fahren, und spricht den grauen Eisenbahnern der Wehrmacht für diese Leistung seine Anerkennung aus.
Während des Waffenstillstandes werden die Eisenbahnen Frankreichs in zwei Bereiche aufgeteilt: Die Bahnen des unbesetzten Frankreichs fallen unter die Kontrolle der Vichy-Regierung, die des besetzten Gebietes werden von einer zivilen Administration in Paris unter deutscher Aufsicht geleitet. Die Eisenbahnen von Elsaß und Lothringen übergibt man der Deutschen Reichsbahn.
Im besetzten Frankreich und Belgien werden zunächst Wehrmachtverkehrsdirektionen (WVD) mit Sitz in Paris und Brüssel eingerichtet, die dem Chef des Transportwesens unterstehen. Je ein Bevollmächtigter wird in das un-

besetzte Frankreich nach Lyon und Toulouse beordert. Die Betriebsführung bleibt jedoch bei der SNCF.
Im August 1940 tritt die Wehrmachtsverkehrsdirektion Paris unter der militärischen Leitung des Obersten Goeritz voll in Aktion. Die Stellung der Eisenbahner bei dieser halbmilitärischen Dienststelle ist denkbar schlecht. Sie besitzen so gut wie keine Selbständigkeit, sondern sind nur Befehlsausführende der Wehrmacht.
Zur Überwachung des Eisenbahnbetriebs stehen – wegen eines ständig befürchteten Generalstreiks des französischen Eisenbahnpersonals – rund 35 000 blaue Eisenbahner in Frankreich, Belgien und Holland bereit. Sie brauchen jedoch – wider Erwarten – niemals in vollem Umfang einzuspringen, sondern erfüllen in erster Linie Überwachungsaufgaben.
Die deutschen Militärs planen, die Elektroloks der Franzosen in ihre Kriegsdienste zu übernehmen, sind jedoch nicht in der Lage, diese Elektromotoren von der Spannung von 1500 Volt Gleichstrom auf den erforderlichen einphasigen Wechselstrom umzurüsten.
Die Aktionen der französischen Résistance, einer von Anhängern des in London wirkenden Generals de Gaulle gesteuerten Untergrundbewegung, bringt für das deutsche Militär zusätzlich neue Probleme.
Bereits im November 1940 wird ein Güterzug mit französischen Kriegsgefangenen von der Résistance überfallen, und mehrere Hunderte Soldaten können fliehen. Im Juli 1941 schließen sich die französischen Eisenbahner zu der Geheimorganisation »Combat« zusammen. Ab 1942 führen die Deutschen Deportationen von mehreren tausend französischen Eisenbahnern durch. Man transportiert sie zur Zwangsarbeit ins Reichsgebiet und bringt sie in den

23

größeren Eisenbahnknotenpunkten östlich des Rheins unter, gerade dort, wo sie den stärksten Luftangriffen der Alliierten ausgesetzt sind. Über 20000 dieser Menschen sollen ihre Heimat nicht wiedersehen. Auch für die französischen Eisenbahnen beginnt bald eine langanhaltende Periode schwerer, systematisch durchgeführter Zerstörungen durch alliierte Bombardements. Aber noch ist es nicht so weit.

Umschlagplatz für Urlauber
»Das Wort ›Urlaub‹ hat für den Soldaten einen ganz besonderen Klang, den eigentlich nur der richtig ermessen kann, der selbst einmal als Soldat auf Urlaub gefahren ist. Aber kaum einer jener Glücklichen, die vor der Schreibstube Urlaubsschein und Fahrausweis erhalten, macht sich Gedanken darüber, was für bedeutende Anforderungen der Urlaubsverkehr an die Dienststellen der Wehrmacht wie an die Reichsbahn stellt, und welch eine großzügige und umfassende Organisation aufgeboten werden muß, um den reibungslosen Ablauf des Urlaubsverkehrs bei der an sich schon starken Beanspruchung der Reichsbahn sicherzustellen. Um nun einmal einen Blick hinter die Kulissen dieser Organisation werfen zu können, besuchten wir einen der Brennpunkte des Urlaubsverkehrs, einen Bahnhof, von dem aus täglich zahlreiche SF-Züge (Schnellzüge für Fronturlauber) nach allen Teilen Deutschlands eingesetzt werden. Wir kamen dort mitten hinein in den großen Trubel der Urlauber, von denen jeden Tag unzählige über diesen Bahnhof in ihre Heimat fahren. Da waren gerade einige SF-Züge aus dem Westen eingetroffen und eine Masse feldgrauer, marineblauer und graublauer Uniformen wogten durcheinander, darunter

auch Angehörige der Organisation Todt, der Technischen Nothilfe sowie einigen Zivilisten. Bei allen frohe Gesichter und Lachen: Jetzt geht es erst mal auf Urlaub! Mit ermunternden, humorvollen Worten werden die Angekommenen durch eine Stimme aus dem Lautsprecher in eines der beiden großen Sammellager geschleust, die dem Bahnhof gegenüber liegen. Hier werden die Urlauber nach den einzelnen Heimatbahnhöfen zu Transporten zusammengestellt und auf die einzelnen SF-Züge verteilt.
Vom frühen Morgen bis in die späten Nachmittagsstunden ist im Lager großer Betrieb. Auf der Auskunftsstelle werden die Urlauber über die besten Fahrverbindungen beraten. In der Wechselstube können sie ihr Geld in deutsche Währung umtauschen. Starker Andrang herrscht natürlich in der Poststelle; mehrere hundert Telegramme und Telefongespräche gehen von hier aus täglich zu den Angehörigen und bereiten sie »schonend« auf die Ankunft vor. Wer auf Urlaub kommt, will seinen Lieben natürlich etwas mitbringen. So kommen die Heimfahrenden meist schwer beladen mit Paketen ins Lager. Einen Teil ihrer Last können sie gleich mit der Post abschicken, und die Zahl der dort aufgegebenen Pakete und Päckchen erreicht schon fast astronomische Ziffern. Wer das Lager während des oft mehrstündigen Aufenthaltes verlassen will, kann sein Gepäck bei der amtlichen Gepäckaufbewahrung im Lager abgeben.
Für die Verpflegung der Urlauber ist in mustergültiger Weise gesorgt; in mehreren Küchenwagen können riesige Mengen für die stets hungrigen Soldentenmagen gekocht und in schön hergerichteten Aufenthaltsräumen von den Rote-Kreuz-Schwestern

24

ausgegeben werden. So verbringen die Urlauber mit Erzählen, Lesen oder Skatspielen und von Musik aus dem Lautsprecher unterhalten, in bester Stimmung die Zeit, bis das Mikrophon auch sie aufruft: »Urlauber in Richtung E...antreten!«

Der Urlauberverkehr, der über diesen Knotenpunkt gehen muß, ist so stark, daß der Verkehr von der Heimat zur Front nicht an der gleichen Stelle bewältigt werden kann; er wickelt sich auf dem wenige Kilometer entfernt liegenden Verschiebebahnhof ab. Dort treffen wir dieselben Bilder: mit frohen Gesichtern, nach schön genossenen Urlaubstagen, warten die aus dem Reichsgebiet Ankommenden auf ihre Weiterbeförderung zur Front, auch hier während ihres Aufenthaltes auf das beste betreut, so daß sie dankbar empfinden: Hier ist wirklich alles getan worden, um die Urlaubsreise in jeder Hinsicht angenehm zu machen.«

Die Wehrmacht, Dezember 1940

Einige der Fahrscheine für Angehörige der deutschen Wehrmacht

Die Russenlieferungen rollen

Auf Grund der verschiedenen Abmachungen mit Sowjetrussland findet ein lebhafter Warenaustausch zwischen dem Grossdeutschen Reiche und Russland statt. Diese Tatsache erweckt bei vielen Menschen das Interesse, wie denn dieser Warenaustausch vor sich geht.

Vor allem steht die Eisenbahn in seinem Dienste. Zur Regelung dieses Güterverkehrs ist, wie wir der Reichsbahn-Beamten-Zeitung entnehmen, bereits am 29. Dezember 1939 zwischen dem Reichsverkehrsministerium und dem Volkskommissariat für Verkehrswesen der UdSSR. ein vorläufiges Eisenbahngrenzabkommen geschlossen worden, das am 1. Oktober 1940 durch ein endgültiges deutsch-sowjetisches Grenzabkommen für den Personen-, Gepäck-, Expressgut- und Güterverkehr ersetzt worden ist. Für die Grenzübergangsbahnhöfe und die Strecken zwischen ihnen sind besondere Bahnanlagen geschaffen worden. Personen, Gepäck, Expressgut und andere Güter in der Richtung aus dem Deutschen Reich nach UdSSR. werden mit den deutschen Wagen bis in den sowjetischen Grenzübergangsbahnhof, und in der Richtung aus der UdSSR. nach dem Deutschen Reich mit den sowjetischen Wagen bis in den deutschen Grenzübergangsbahnhof befördert. Da die deutschen Eisenbahnen eine Spurweite von 1435 Millimetern und die sowjetischen Eisenbahnen, soweit sie umgespurt sind, eine solche von 1524 Millimetern haben, sind die Grenzübergangsbahnhöfe und die Strecken zwischen ihnen so eingerichtet, dass die Züge der Eisenbahnen jeder Seite bis zum Grenzübergangsbahnhof der anderen Seite fahren können. Zu diesem Zweck sind zwischen den Grenzübergangsbahnhöfen zwei besondere Streckengeleise erforderlich ein Gleis mit Normalspur und ein Gleis der Breitspur. Diese Geleise liegen entweder nebeneinander oder ineinander. Ueber den Grenzübergangsbahnhof der fremden Bahn hinaus dürfen keine Wagen fahren, auch nicht die für den Radsatzwechsel besonders gebauten Umsetzwagen. Die Personen müssen umsteigen; die Gepäck-, Expressgut- und Gütersendungen werden in Wagen der Empfangsbahn umgeladen. Für die Uebergabezüge zwischen den Grenzübergangsbahnhöfen werden Regel- und Bedarfsfahrpläne vereinbart, die der grösstmöglichen Dauerleistung der beiden Bahnhöfe entsprechen. Das Zugmeldeverfahren ist ziemlich schwerfällig und umständlich. Wenn man den Vorschriften beider Seiten gerecht werden wollte, gab es keine andere Lösung. Die Züge werden telegraphisch angeboten, angenommen, abgemeldet und zurückgemeldet. Der Wortlaut der Zugmeldung ist genau festgelegt. Die Meldungen werden in das Zugmeldebuch eingetragen. Sie werden deutscherseits in deutscher Sprache und sowjetischerseits in russischer Sprache gegeben.

Wenn die telegraphische Verbindung unterbrochen ist, werden die Zugmeldungen auf dem Fernsprecher gegeben. Ist auch der Fernsprecher gestört, so wird durch Vermittlung von Boten eine schriftliche Verständigung darüber herbeigeführt, wie der Zugverkehr aufrechterhalten werden soll. Mit der deutsch-sowjetischen Grenze fällt die Zeitgrenze zwischen mitteleuropäischer und Moskauer Zeit zusammen. Im Uebergangsverkehr wenden die Bediensteten die Zeit an, die in dem Gebiet gültig ist, in dem sie sich aufhalten. Bekanntlich hat die Moskauer Zeit gegenüber der mitteleuropäischen Zeit zwei Stunden und gegenüber der deutschen Sommerzeit eine Stunde Vorsprung. Die Uebergabezüge nach der UdSSR. werden durch das Lokomotiv- und Zugpersonal der deutschen Eisenbahn bis in die sowjetische Grenzübergangshöfe, die Uebergabezüge nach dem Deutschen Reich durch die Lokomotiven und das Zugpersonal der sowjetischen Eisenbahn bis in die deutschen Grenzübergangsbahnhöfe gefahren. Leere Wagen werden durch Lokomotiven und Personal der Eigentumsverwaltung zurückgefahren. Die Signale auf den Grenzübergangsbahnhöfen und auf den Strecken zwischen ihnen werden durch die Vorschriften der Seite bestimmt, auf deren Gebiet sie stehen. Das Personal, das die Uebergabezüge während der Fahrt auf dem Gebiet der anderen Seite bedient, muss daher die Betriebs- und Signalvorschriften dieser Seite kennen. Auf Forderung der sowjetischen Bahnen dürfen die Züge nur mit der Lokomotive an der Spitze fahren. Das Rangieren hat jeder Bahnhof mit den eigenen Lokomotiven und dem eigenen Personal durchzuführen. Bei Unterbrechungen oder Störungen des normalen Zugverkehrs benachrichtigen sich die beiden Bahnhöfe telegraphisch und leisten sich gegenseitig Beistand. Jede Seite sorgt in ihrem Bereich für die Bewachung der Uebergabezüge durch das Zugpersonal. Die Bediensteten der einen Seite wenden auch auf dem Gebiete der anderen Seite die eigene Sprache an. Beide Seiten müssen wegen der gegenseitigen Verständigung auf den Grenzübergangsbahnhöfen mindestens einen Bediensteten haben, der die Sprache der anderen Seite beherrscht. Schriftliche Befehle für das Zugpersonnal werden in den beiden amtlichen Sprachen ausgefertigt. Für den übrigen Dienstverkehr bedient sich jede Seite der eigenen Amtssprache.

Das Deutsch-Sowjetische Eisenbahn-Grenzabkommen in seiner Form und in dem Geist seiner Anwendung ist ein besonderer Erfolg für die gegenseitige Verbindung und für den gegenseitigen Warenaustausch beider Völker, der sich in seiner wirklichen Grösse erst nach der Neuordnung Europas und der Welt richtig erkennen lassen wird.

Aus: Berliner Börsen-Zeitung Januar 1941

26

Frühjahr 1940, Euskirchen bei Bonn: Im Hintergrund eine DR-Lok, der Baureihe 38[10]

27

Auf einem Pariser Bahnhof im Sommer 1940: Der französische Eisenbahner mit seinem neuen Vorgesetzten

Eine in der Nähe von Reims im Sommer 1940 gebaute Behelfsbrükke: Belastungsprobe mit einer Güterzuglok der ehemaligen französischen Nord-Bahn

28

Frankreich, Sommer 1940: Behelfsmäßige Brücke über die Loire mit einem französischen Personenzug, Lok 141.050 der Region West

Winter 1940: Eisen-
bahnbrücke über die
Vienne, Frankreich

29

Auf der deutschen
Strecke irgendwo zwi-
schen Köln und dem
Westen, 1940: Ein
herbstlicher Tag be-
ginnt

Calais, September 1940: Mittelschweres 28-cm-Eisenbahngeschütz auf zwei fünfachsigen Drehgestellen

November 1940: Ein DR-Plakat ▶

Das Laufschild eines Fronturlauber-Sonderzuges (SF) im Jahre 1940

Weihnachtsreisen *nein!*

Die **Miese** keift: „Ist das nicht toll,
daß ich zum Fest nicht reisen soll?"

„Auch Du kannst reisen"
lächelt **Liese,**
„Nur mußt Du laut Verordnung, **Miese,**
auch die Berechtigung nachweisen,-
sonst gibt es keine Weihnachtsreisen!"

Der Zug erreicht den Pariser Vorort
St. Cloud. Es ist der 15. April 1941,
morgens 8 Uhr, man fährt zur Arbeit

Norwegen, Mai 1941, am Erzhafen
Narvik: Auf einem Dreispurgleis für
Schmal- und Normalspur zwei Güter-
wagen mit Bremserhaus

31

Gare St. Lazare, Paris 1941

Schranke am Bahnübergang in
der Nähe von Reims, Ende Mai
1941: Zwei ehemalige Gegner,
ein französischer und ein deutscher Eisenbahner, arbeiten nebeneinander

32

3

Als Hitler am 21. Juli 1940 die Order erteilt, den Feldzug gegen die Sowjetunion vorzubereiten, drängt die Wehrmacht auf Erweiterung der Ostbahnstrecken. Das sogenannte »Otto-Programm« sieht vor, die Eisenbahnlinien von West nach Ost auszubauen und an der Grenze zur Sowjetunion bessere Ladekapazitäten zu schaffen.

Im Dezember 1940 weist das Oberkommando des Heeres darauf hin, daß der Aufmarsch acht Wochen dauern werde und von Mitte April 1941 an nicht mehr verschleiert werden könne. Mit der zeitweilig friedlichen Entwicklung der Ostbahn ist es endgültig vorbei. Am 4. Februar 1941 findet in Krakau am Sitz der Generaldirektion der Ostbahn eine Besprechung statt, an der alle leitenden Personen der Bahn und des militärischen Transportwesens teilnehmen. Das Ziel dieser Zusammenkunft ist es, die volle Ausnutzung der Streckenkapazität der Ostbahn zu erreichen.

Der Aufmarsch gegen die UdSSR stellt den Eisenbahnen die größten bisher bekannten Aufgaben.

Die ersten Monate des Jahres 1941 stehen im Zeichen der Vorbereitungen für den Ostfeldzug.

Eiserne Rationen
»Durch mehrfache Zuteilungen von Mischkonserven sind die Reichsbahndirektionen in der Lage, den durch Zugverspätungen auftretenden zusätzlichen Lebensmittelbedarf von Lok- und Zugbegleitbediensteten durch Ausgabe von Mischkonserven als eiserne Ration zu befriedigen. Die Durchführung dieser Maßnahme muß vor allem in den Fällen sichergestellt sein, in denen die Gefolgschaftsmitglieder erfahrungsgemäß keine Zeit oder Möglichkeit zur Einnahme des Essens in einer Betriebs- oder Werkküche oder einer Bahnhofswirtschaft haben.«
DNB, 11. Januar 1941

Unter strengster Geheimhaltung beginnt der größte Eisenbahnaufmarsch der Geschichte. Selbst während der gesamten Truppenbereitstellung rollt der Güteraustausch mit der Sowjetunion unbehindert weiter. Für das Unternehmen »Barbarossa«, den Angriff auf die Sowjetunion, und dessen Vorbereitungen sind insgesamt 33800 Züge im Einsatz, eine einmalige Leistung der Deutschen Reichsbahn. Dabei wird das Netz der Ostbahn nicht einmal in vollem Umfang ausgenutzt.

Reibungsloser Verkehr

»Die ausländische Presse hat in den letzten Wochen mehrfach Nachrichten gebracht, wonach der durch die Moskauer Vereinbarungen vom Dezember 1939 geregelte Eisenbahnverkehr zwischen Deutschland und der Sowjetunion und insbesondere auch der Transitverkehr zwischen Rumänien und Deutschland über die sowjetische Strecke Oraseni–Peremysl (Przemysl) nicht funktionieren soll... Alle diese Nachrichten sind völlig unzutreffend. Der Durchgangsverkehr zwischen Deutschland und Rumänien durch die Sowjetunion ist reibungslos im Gange, es haben bereits viele Hunderte Wagen die sowjetische Durchgangsstrecke durchfahren. Ebenso ist auch die Beförderung von Getreide und Mineralölen aus Rußland in vollem Gange, es sind bereits mehrere tausend Wagen befördert worden.«
DNB, 15. Mai 1941

Mehr als auf allen anderen Kriegsschauplätzen hängt das Kriegsglück an der Ostfront von einer funktionsfähigen Eisenbahn ab. Während der ersten Wochen des Feldzuges macht die Wehrmacht die Erfahrung, daß auf dem einfachen russischen Straßennetz moderne Armeen nicht ausreichend versorgt werden können, besonders während der Regenperiode im Herbst, wenn die Straßen sich in einen einzigen Morast verwandeln. Deshalb ist das wichtigste militärische Ziel für beide Seiten, das streckenweise gut ausgebaute sowjetische Eisenbahnnetz in die eigene Hand zu bekommen. Aus diesem Grunde drängt das deutsche Oberkommando Hitler, der Armeegruppe Mitte den Vorrang im Vorstoß auf Moskau zu geben, um auch den dortigen Hauptknotenpunkt zu besetzen: Dem Erfolg nahe, ist Hitler jedoch unschlüssig und hört nicht auf den Rat seiner Generäle.

Der weiße Rock

»Der Herr Reichsverkehrsminister hat die Dienstkleidungsordnung der Deutschen Reichsbahn wesentlich ergänzt und geändert. Neben dem Dienstanzug ist nunmehr auch ein Dienstanzug bei besonderen Anlässen eingeführt... Für die wärmere Jahreszeit hat sich in den heißen Gegenden die Einführung eines sehr leichten Rockes mit offenem Kragen als notwendig erwiesen. Hierfür kam nur ein weißer Rock aus Leinen- oder Baumwollstoff in Frage. Von der Möglichkeit rechtzeitiger und ausreichender Beschaffung dieses Stoffes hängt die Lieferung dieses Kleidungsstückes ab. Zu ihm darf nur weiße Wäsche mit schwarzem Längsbinder getragen werden. Daß dieses Kleidungsstück in peinlich sauberem Zustand getragen wird, muß als selbstverständlich angesehen werden. Sonst ist es besser, den weißen Rock nicht zu tragen. Als Hose kommt nur die lange Hose mit rotem Vorstoß in Betracht.«
NSBZ-Voraus, August 1941

Obwohl der größte Teil der Brücken sowohl von der Luftwaffe als auch beim Rückzug durch sowjetische Truppen zerstört worden ist, gelingt es den deutschen Eisenbahnpionieren, die Linien zur Front fast immer betriebsfähig zu halten.
Das entscheidende Problem ist die größere Spurweite der sowjetischen Eisenbahnen von 1524 mm. Dies bedeutet für die Deutschen ständiges Umladen der Güter oder Umspuren der Gleise, verbunden mit Dutzenden anderer technischer Schwierigkeiten. In den anderen

besetzten Staaten sieht die Sache noch schlimmer aus: Estland besitzt Breitspur, Lettland Breit- und Normalspur, Litauen Normalspur. Dem Bau der russischen Eisenbahnen im 19. Jahrhundert mit der abweichenden Spurweite liegt schon die strategische Erwägung zugrunde, fremde Fahrzeuge an der Benutzung der Strecken zu hindern.

Der zunehmende Mangel an Breitspur-Lokomotiven und -Wagen zwingt vordringlich zum Umspuren der russischen Breitspurgleise auf Normalspur. Man setzt eine Schiene 9 cm nach innen und kann auf diese Weise das Eisenbahnmaterial auf den Hauptvormarschstrecken verwenden. Rascher als man es für möglich hält, kommt die Umspurung; das Breitspurmaterial muß bald frontwärts gefahren werden, denn von rückwärts her ist schon Normalspur gelegt. Die Arbeitskolonnen nageln zehn Kilometer Schiene und mehr an einem einzigen Tage um. Zwar sind bis Ende 1941 15000 Kilometer Gleis umgespurt, doch herrscht ostwärts des Dnjepr noch längere Zeit der Breitspurbetrieb vor.

Umgenagelt! Sowjetgleise mit deutscher Spurweite
»In seiner Rede vom 3. Oktober 1941 teilte der Führer und Oberste Befehlshaber mit, daß in dem im Osten eroberten Gebiet bereits 15000 Kilometer der sowjetischen Eisenbahnen von unseren Eisenbahnpionieren umgenagelt seien. Inzwischen wird sich diese Strecke bedeutend verlängert haben, so daß ein gewaltiger Teil des sowjetischen Eisenbahnnetzes für den Nachschub mit deutschen Lokomotiven und Eisenbahnwagen nutzbar gemacht ist.

Bekanntlich beträgt die Spurweite der Eisenbahnen in Deutschland, wie überhaupt in den meisten Ländern der Welt, 1435 Millimeter. Die sowjetischen Bahnen haben dagegen eine Spurweite von 1524 Millimetern, sind also um rund neun Zentimeter breiter als die deutsche Normalspur.

Es ist technisch nicht möglich, die Spurweite an die deutsche anzugleichen, indem man neben eine Schiene eine neue legt. Das einfachste und vor allen Dingen sparsamste ist die Umnagelung; das heißt: eine Schiene wird um 9 Zentimeter nach innen verlegt. Das hört sich bedeutend einfacher an als es in Wirklichkeit ist. Die großen Leistungen, die verlangt werden mußten, konnten nur durch außerordentliche Zusammenarbeit der einzelnen Vorrichtungen erreicht werden. Es handelt sich um folgende hauptsächliche Arbeiten: Lösen der Schienennägel, Ausgleichen der Schwellen an die neuen Aufleger und Hereinrücken und Festlegen der Schienen. Außerdem verändert sich bei Kurven infolge des um 9 Zentimeter kürzeren Radius der einen Schiene auch die Schienenkrümmung. Bei Kurven mit sehr großem Radius spielt der Unterschied allerdings kaum eine Rolle. Dazu kommt, daß unter Umständen in den Kurven auch die Überhöhung der äußeren Schiene geändert werden muß.

Auch bei den Weichen ergeben sich durch die Überschneidung der Schienen gewisse schwierige Aufgaben, so daß dabei meist neue Schienenstücke eingefügt werden müssen. Hinzu kommt noch die Rücksicht, die auf den Bahnkörper genommen werden muß, da sich der Schwerpunkt des rollenden Eisenbahnzuges durch die Verkürzung der Spurweite etwas verschiebt. In Kurven und bei doppelgleisigen Bahnkörpern wird daher immer die äußere Schiene nach innen gerückt, so daß sich der Druck des Eisenbahnzuges mehr nach innen statt nach außen verlegt.

Aus diesen wenigen Angaben wird hervorgehen, was für gewaltige Leistungen unsere Eisenbahnpioniere, auch abgesehen von der Wiederherstellung von Eisenbahnbrükken, im Osten vollbringen. Die Bedeutung dieser Leistungen für unseren Nachschub mag auch daraus hervorgehen, daß der bei weitem überwiegende Teil der zweigleisigen Bahnstrecken der Sowjetunion sich in deutscher Hand befindet.«
Die Wehrmacht, 1941

Unter dem enormen Leistungsanstieg der Reichsbahn nehmen die Truppenbewegungen und der Nachschub eine dominierende Rolle ein. So fahren in der Zeit vom 15. Februar bis 19. Juni 1941 für den Aufmarsch gegen die UdSSR insgesamt 11 784 Züge mit etwa 200 000 Wagen über eine durchschnittliche Entfernung von 800 km. Erstaunlicherweise gelingt es, diese Bewegungen überwiegend neben dem Normalfahrplan durchzuführen. Erst am 22. Mai 1941, einen Monat vor dem Überfall auf die Sowjetunion, wird der sogenannte Höchstleistungsfahrplan eingeführt mit einer Spitzenkapazität von annähernd 3000 Zügen pro Tag.

Sonderurlaub
»Weibliche Gefolgschaftsmitglieder der Deutschen Reichsbahn, deren Ehemänner infolge Einberufung zum Wehrdienst mindestens drei Monate vom Wohnort abwesend waren, sind auf ihren Antrag anläßlich der Anwesenheit des auf Wehrmachtsurlaub befindlichen Ehemannes bis zur Dauer von zwölf Arbeitstagen im Urlaubsjahr vom Dienst freizustellen. Auf diese Zeit ist der der

Ehefrau zustehende Erholungsurlaub anzurechnen; für den etwa überschießenden Teil ist Dienstbefreiung ohne Lohnfortzahlung bzw. Fortzahlung der Bezüge zu gewähren.«
DNB, 1. September 1941

Völlig überraschend kommt es zu Truppenbewegungen für einen Feldzug gegen Jugoslawien, die kurzfristig zu bewerkstelligen sind. Diese schwierige eisenbahnmilitärische Aufgabe wird termingerecht bewältigt. Der zugleich rollende Aufmarsch gegen die Sowjetunion muß vorwiegend auf sechs Transportlinien gefahren werden und verläuft nach anfänglichen Schwierigkeiten fast reibungslos.

Der Balkanfeldzug bedeutet eine weitere Belastung des Nachschubs, denn ganze Landstriche sind verkehrstechnisch nur wenig erschlossen und kaum passierbar. Die Operationen im gebirgigen Gelände erfordern Verkehrsbauten, die weit über das normale Maß hinausgehen. Erst im Mai 1941 beginnt die Feldeisenbahndirektion (FBD) mit Sitz in Belgrad ihre Arbeit. Die Betriebsführung kann sehr bald an die griechischen und jugoslawischen Bahnen übergeben werden. Auch Griechenland, Bulgarien, Rumänien, Ungarn und die Slowakei führen fast bis Kriegsende den Eisenbahnbetrieb in gewisser Weise selbständig.

Die enge Zusammenarbeit mit Rumänien und die umfangreichen Investitionen, die die DRB für dortige Verkehrslinien tätigt, wirken sich für den Ostfeldzug günstig aus. Als durch die Krise an der Ostfront 1943 die Heeresgruppe Süd bedroht wird, ist die Sicherung Transnistriens und Bessarabiens als Versorgungsbasis von großer Bedeutung. Hitler schlägt daher Antonescu vor, die Eisenbahnbetriebsführung in deutsche Hände zu geben. Der Diktator lehnt dies jedoch energisch ab.

Zur Sicherung der Transportwege wird am 20. Juni 1944 ein »Sonderbevollmächtigter für die Aufrechterhaltung der Donauschiffahrt« eingesetzt, durch dessen koordinierende Maßnahmen eine vorübergehende Besserung der Transportverhältnisse eintritt. Die Wiederherstellung der Eisenbahnstrecken erfolgt, und der Rohöltransport erreicht in dieser Zeit 70 Prozent des normalen Standes. Um so schwerer trifft der Frontwechsel Rumäniens die deutsche Benzinversorgung und den Nachschub auf dem Balkan.

Im Verlauf des Krieges von 1941 bis 1945 zerstören jugoslawische Partisanen 1684 km Eisenbahngleise, 830 Bahnstationen, 1099 Züge, 1918 Lokomotiven, 19759 Waggons und 1077 Eisenbahnbrücken.

Für jeden einen Weihnachtsbaum
»Zum dritten Male rüstet das deutsche Volk zur Kriegsweihnacht. Wenn auch manche schönen Dinge nicht so zur Verfügung stehen wie in Friedenszeiten, so möchte doch jeder seinen Weihnachtsbaum schmücken können. Oft müssen aber die Tannenbäume einen langen Weg mit der Eisenbahn zurücklegen, bis sie aus den Waldgebieten auf die Weihnachtsbaummärkte kommen. Die Deutsche Reichsbahn hat deshalb trotz der gewaltigen Inanspruchnahme ihres Güterwagenparks auch diesmal wie in den vergangenen Jahren Weisung gegeben, daß die für die Weihnachtsbaumsendungen erforderlichen Güterwagen, wenn irgend möglich, voll gestellt werden. Wenn auch vielleicht da und dort auf den bestellten Wagen etwas gewartet werden muß, so kann sich doch jeder darauf einrichten, daß die Reichsbahn auch seinen Weihnachtsbaum heranfährt.«
DNB, 25. November 1941

Der Reichsverkehrsminister teilt am 13. März 1942 mit:

Benutzung von Schlafwagen
durch Ehepaare:
»Bei der jetzigen Verkehrslage kann nicht zugelassen werden, daß von Ehepaaren zwei Bettplätze 1. Klasse belegt werden. Ich habe daher Anweisung gegeben, daß an ein Ehepaar zwei Bettkarten 1. Klasse nicht abgegeben werden dürfen.«
Heeres-Verordnungsblatt, 8. April 1942

März 1941: Biala-Podlaska, eine kleine aber wichtige Station auf dem Wege Berlin–Warschau–Brest Litowsk–Smolensk–Moskau. Die Ruhe vor dem Sturm...

Frühjahr 1941: Auf der wichtigen Strecke Krakau–Przemysl. Polnische Jugend – zum ›Baudienst‹ zwangsrekrutiert – errichtet neue Gleise

38

Auf der Strecke zwischen Krakau und Przemysl, März 1941: Aufmarsch gegen die Sowjetunion

Dieser Stoßtrupp posiert auf einem russischen Bahnhof für den PK-Mann. Rechts eine Lok der Baureihe »Josef Stalin« JS-20, links ein Beute-MG. Juli 1941

Tarnopol, Sommer 1941: Die von den Sowjets gesprengte Eisenbahnbrücke

Unten, links: Ein Schienen-LKW: Luzk, Sommer 1941

Rechts: Das Ende einer Erkundungsfahrt, Sommer 1941: Der Feind nahm die Gleise mit

Wertvolle, seltene Beute: Mehrere russische Kondensloks der
Baureihe SO-19 zwischen Polon-
noje und Berdischew, 15. Juli
1941

Ein sicherer Unterschlupf an
einem Abstellgleis bei Stalin-
grad-Süd, September 1942

41

10 000 km umgenagelte Schienen: Umspurzug der Haupteisenbahn-Direktion Süd (Kiew). Der Vierachser-Güterwagen von 1917 als Wohnstätte der Eisenbahnpioniere

Herbst 1941, Terespol, eine Station unweit von Brest Litowsk: Russische Tankwagen auf den Umspuranlagen

Russische Werklok auf dem Hebebock, bereit
zur Umspurung

Links (v. o. n. u.):
Harte Arbeit: Umspurung

In der Umspuranlage: Drehgestelle

Eisenbahnpioniere bearbeiten ein Radreifen-
profil

43

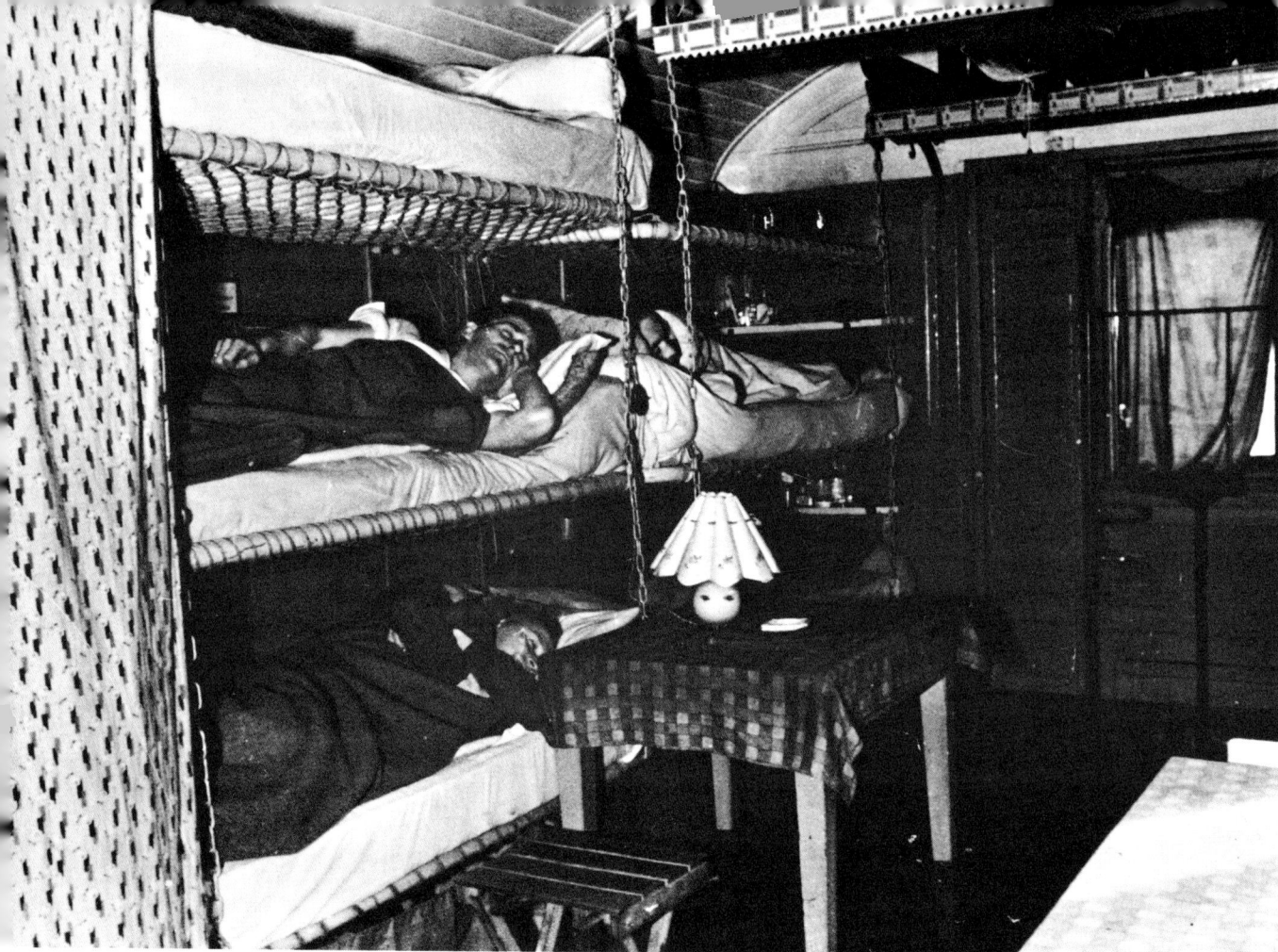

Wehrmachts-Mann-
schaftswagen, aus einem
DR-Reisezugwagen um-
gebaut, Frankreich 1941

Rethel, Herbst 1941: Ein
widerspenstiger Passa-
gier

Herbst 1941: Der Alltag auf dem Güterbahnhof von Brest Litowsk

Ehemaliger Gepäckwagen der DR, umgebaut zum Verpflegungswagen. Ost-front 1941

45

Schusterei und Schnei-
derei in einem früheren
Gepäckwagen. Lemberg
1941

Schreibstube im Ge-
päckwagen. Lemberg
1941

4

Das eroberte Ostgalizien mit der Hauptstadt Lemberg wird an das Generalgouvernement angeschlossen. Aus den im Generalgouvernement zusammengezogenen Eisenbahnern entsteht die Haupteisenbahndirektion Süd (HBD Süd). Das blaue Eisenbahnpersonal bildet vier Haupteisenbahndirektionen (HBD), die später in Riga, Minsk, Kiew und Dnjepropetrowsk etabliert werden. Als übergeordnete Stelle für die blauen Eisenbahner gründet das deutsche Militär in Warschau die »Betriebsleitung Osten beim Chef des Transportwesens« (BLO). Daraus entsteht am 14. Januar 1942 die »Zweigstelle Osten des Reichsverkehrsministeriums« (Osteis) und am 1. Dezember 1942 die »Generalverkehrsdirektion Osten« (GVD Osten). Diese GVD beaufsichtigt von nun an den gesamten Eisenbahnbetrieb im besetzten Teil der Sowjetunion. Zum gleichen Zeitpunkt wandelt ein Erlaß Minister Dorpmüllers die Haupteisenbahndirektionen in Reichsverkehrsdirektionen (RVD) um. Die Strecken zwischen den Ostgrenzen dieser Reichsverkehrsdirektionen und der Front unterstehen von Nord nach Süd den Feld-Eisenbahn-Kommandos (FEKdo) 4, 2, 3 und 5, wobei aber die Grenzen zwischen RVD und FEKdo je nach Frontlage ständig wechseln. Der Bezirk Bialystok nimmt eine Sonder-

stellung ein: Er gehört weder der Ostbahn noch der RVD Osten an. Bei den Entfernungen in der UdSSR, bei dem Mangel an Straßen und der Weitmaschigkeit des Eisenbahnnetzes gewinnen die wenigen Eisenbahnstrecken ständig an Wert. Trotz aller Behinderung durch die Partisanen kann der Betrieb noch aufrechterhalten werden, selbst in dem am schwersten betroffenen Gebiet von Minsk. So meldet die Generalverkehrsdirektion Osten, daß im April 1943 der Transport von 1,67 Millionen Tonnen Wirtschaftsgütern möglich gewesen sei. Das entspricht etwa der Höchstleistung vom Oktober 1942. Die für den allgemeinen Betrieb der DRB zuständigen Eisenbahndirektionen stehen ihren Aufgaben ziemlich hilflos gegenüber, da sie für den Einsatz unmittelbar hinter der Frontlinie noch nicht ausgerüstet sind. Die feldgrauen Eisenbahner unter dem Befehl der Wehrmacht nehmen bei ihrem Vormarsch alles mit, was sie vorfinden: Pumpen, Fernsprecher, Werkzeuge, Laternen, ja sogar Draisinen. Auch die Versorgung der blauen Eisenbahner mit Lebensmitteln und Marketenderwaren ist anfangs schlecht organisiert. Erst mit der Zeit gelingt es, das Unwesen der Militärstellen, Waggons nur für sich zu beanspruchen, zu stoppen. Am 3. Oktober 1941 veranlaßt das Verkehrsministerium, daß die Beschriftung von erbeuteten Wagen mit »*Deutsche Wehrmacht*« durch die Militärs unterlassen wird.

Bei ihren Einsätzen sind die »Blauen« in einer besonders schwierigen Lage. So werden sie trotz der mangelhaften militärischen Ausbildung neben ihren eigentlichen Aufgaben auch zur Verteidigung der Bahnanlagen herangezogen. Ihnen fehlen Stahlhelme, Marschausrüstung und Sturmgepäck. Die »Blauen« genießen in Feindesland im Gegensatz zu den Soldaten nicht einmal den Schutz der Genfer Konvention, sondern stehen außerhalb des Kriegsrechts. Die Russen erledigen die »Blauen«, falls sie ihnen in die Hände fallen, wie bewaffnete Zivilisten.

Zur gegenseitigen Verständigung zwischen Deutschen und russischen Hilfskräften der DRB werden oft mehrsprachige Bildhefte benutzt, da Dolmetscher fehlen.

Die einheimischen Eisenbahner gelten sowohl bei der Ostbahn als auch bei der Deutschen Reichsbahn als Schwerarbeiter. Es stehen ihnen pro Woche mindestens 2000 Gramm Brot, 200 Gramm Fleisch (im Fahrdienst 100 Gramm mehr), 150 Gramm Fett (im Fahrdienst 50 Gramm mehr), 5 Kilogramm Kartoffeln (im Fahrdienst 7 Kilogramm mehr) zu.

Zur Unterscheidung ihrer Funktionen tragen die deutschen Eisenbahner farbige Armbinden, die ortsansässigen dagegen blaue Binden mit der Aufschrift »Deutsche Reichsbahn«. In den Bauzügen haben Ausländer eine graue Armbinde mit der Aufschrift »Im Auftrage der Deutschen Reichsbahn«. Die deutschen, ausländischen und ortsansässigen Angestellten der Baufirmen sind wiederum mit einer gelben Armbinde mit der Aufschrift »Im Namen der Deutschen Reichsbahn« gekennzeichnet. Das Einschalten des Bevollmächtigten der Reichs-

bahn (BvRb) zwischen militärische Transportkommandostellen und Organe der grauen und blauen Eisenbahnereinheiten ist eine durch falsche Organisation des Wehrmachttransportwesens bedingte Notlösung. Hinzu kommt, daß die Effektivität dieser Einrichtung zu stark von der Persönlichkeit des jeweiligen Bevollmächtigten abhängt. So sind einige von ihnen mangels Erfahrung nicht in der Lage, sich gegenüber den Wehrmachtsdienststellen durchzusetzen.

Die frisierten Angaben über die Leistungen der Strecken im Winter 1941/42 führen zu einer neuen Festlegung der Kompetenzen beim Bau, bei der Unterhaltung und Betriebsführung der Eisenbahnen im besetzten Teil der Sowjetunion. Mit Befehl vom 4. Januar 1942 werden die blauen Eisenbahner wieder dem Verkehrsminister untergeordnet und unterstehen nicht mehr der Wehrmacht.

Die Lage im besetzten Belgien und Frankreich verschlechtert sich Anfang 1943 rapide. Erhebliche Requisitionen von Loks verringern den Fahrzeugbestand zunehmend. Außerdem hemmen die Luftangriffe den Betriebsablauf, und auf das einheimische Personal ist kein Verlaß mehr. Im Jahr 1943 wird eine ausgedehnte Kampagne an Eisenbahnsabotagen durch aktive Mitglieder der Widerstandsbewegung ins Leben gerufen. Mit voller Unterstützung der einheimischen Eisenbahner lassen sie deutsche Militärzüge entgleisen, sprengen Tunnels, Brücken sowie viele deutsche Sicherheitseinrichtungen und zerschneiden Telegraphen- und Telefonleitungen.

Seit Herbst 1943 häufen sich diese Zerstörungsakte vor allem an den Strecken in den Ardennen, um Lüttich in Belgien, bei Lille und Paris sowie an der Schweizer Grenze. Bei dünner Luftabwehr greifen die alliierten Tieflieger in den küstennahen Gebieten besonders gern Loks an, da sie dort ein freies und günstiges Operationsfeld haben. So fallen allein im Bereich der »Transportkommandantur Lille« monatlich etwa 30 bis 40 Lokomotiven aus, im ganzen Westen sind es drei bis vier Stück täglich. Versorgungs- und Bautransporte für U-Boote und den Atlantikwall werden stark gestört. Um die Reparaturen zu beschleunigen, müssen 18 000 Mann der Organisation Todt aus dem Atlantikwall herangezogen werden, was sich wiederum ungünstig auf dessen weiteren Bau auswirkt.

In Frankreich selbst nimmt der Transport tageweise chaotische Zustände an. Im Oktober 1943 reicht der Kohlevorrat nur noch für sechs Wochen und schrumpft im November auf vier, im Dezember auf zwei Wochen zusammen.

Erhebliche Verbesserungen
»Der gute Fortschritt in der Wiederherstellung der zerstörten Strecken, an denen maßgeblich auch deutsche Eisenbahnpioniere und deutsche Firmen durch Einsatz an wichtigen Baustellen beteiligt waren, ermöglicht im kommenden Sommerfahrplan die Durchführung erheblicher Verbesserungen durch Beschleunigung der Reisegeschwindigkeiten und die Wahl günstigerer Leitungswege sowohl im Wehrmachtsurlauberverkehr als auch im öffentlichen Reiseverkehr.

So ist z. B. die jetzige Fahrzeit eines SF-Zuges von Biarritz nach Homburg (Saar) gegenüber der Fahrzeit dieses Zuges bei seiner Einführung im Juli 1940 um 18 Stunden kürzer. Dem in letzter Zeit sich mehr und mehr anbahnenden Wirtschafts- und Dienstreiseverkehr konnte durch Neueinlegung von Zügen und durch Verbesserung der Zugver-

bindungen Rechnung getragen werden.«
DNB, Oktober/November 1942

Zu Beginn des Jahres 1943 fliegen zwei Monate lang mittlere und schwere Bomber sowie Jabos der 8. und 9. US-Luftflotte Tausende von Einsätzen gegen Einrichtungen der französischen und belgischen Eisenbahnen mit dem Ziel, sie vollständig zu vernichten. Die Luftangriffe setzen bis zur Invasion drei Viertel der zweitausend Lokomotiven in Nordfrankreich außer Betrieb.

600 Zugentgleisungen, 1800 zerstörte Loks und 6000 Wagen allein von Januar bis Juni 1944 gehen auf das Konto der französischen Widerstandsbewegung im Rahmen des sogenannten »Plan Vert«, der völligen Zerstörung deutscher Nachschublinien am Vorabend der Invasion.

Der Schienenkrieg der Maquis führt vor allem dazu, daß die zur Verstärkung aus Frankreich oder von benachbarten Fronten in die Normandie geworfenen deutschen Truppen entweder verspätet oder bereits dezimiert ankommen. Drei Panzerdivisionen, die vom deutschen Oberkommando in Marsch gesetzt werden, erreichen nur mit beträchtlicher Verzögerung und auf Umwegen den Kriegsschauplatz. Die 17. Panzerdivision, die in zwei Tagen einsatzbereit sein soll, verliert durch die Aktionen der Résistance zwischen Bordeaux und Poitiers etwa zehn Tage.

Die 2. SS-Panzerdivision »Das Reich« hat Montauban am 6. Juni in Richtung Normandie verlassen. Da jedoch alle Strecken der Eisenbahn stillgelegt sind und ihre Einheiten durch Angriffe der Maquis in den Départements Tarn, Lot, Corréze und Haute-Vienne aufgehalten werden, erreicht sie – angeschlagen – erst am 18. Juni ihren Bestimmungsort. Die Verlegung der 11. Panzerdivision von der Ostfront nach

Frankreich kostet 31 Tage. Sie gelangt zwar in 8 Tagen bis zur französischen Grenze, braucht aber allein 23 Tage von Strasbourg bis Caen.

Der Mangel an Nachschub zur Zeit der Invasion in der Normandie trägt ebenfalls zu den nun einsetzenden deutschen Rückschlägen bei. Ein geregelter Eisenbahnverkehr ist bereits ab Mai 1944 in Frankreich unmöglich, und für den Straßentransport fehlen Fahrzeuge und Treibstoff. Zudem sind schon vor dem 6. Juni 1944 die Seine-Übergänge unterhalb von Paris und alle Loire-Brücken unterhalb von Orléans zerstört. Die Deutschen setzen daher für den Nachschubverkehr einen gut organisierten und umfangreichen Fährbetrieb ein, der allerdings beim Rückzug tagelang von den Alliierten bombardiert wird.

Reichsbahn und Invasion

Normandie, im Juni 1944

»Mit dem Beginn der Invasion ist der Deutschen Reichsbahn, die bis dahin mit verhältnismäßig geringen Kräften die Arbeit der französischen Eisenbahnen auf Überwachungsdienststellen, den Überwachungsämtern und in übergeordneten Stellen überwachte und lenkte, wieder eine besonders verantwortungsvolle Aufgabe gestellt worden. Jahrelang war die Arbeit des deutschen Eisenbahners im Westen eine fast friedensmäßige, nur unwesentlich gestört durch Luftangriffe oder Anschläge, wie sie der Eisenbahner im Osten tagtäglich erlebt. Das ist nun anders geworden. Die Invasion hatte sich gerade dem Eisenbahner durch die wochenlangen Bombardierungen der Verkehrswege, der Betriebswerke und Bahnhöfe angekündigt und nun, da die Kämpfe an der Invasionsfront toben, muß auch hier im Westen die Parole des deut-

schen Eisenbahners in der Heimat »Wir fahren dennoch!« und die des Eisenbahners im Osten »Fahren, fahren, immer nur fahren!« in die Tat umgesetzt werden.

Mit einem Kraftwagen sind wir durch die liebliche, grünende Landschaft der Normandie gefahren. Kilometerweit liegt das Hinterland im tiefsten Frieden. Man könnte den Krieg vergessen, wenn nicht Trümmer am Straßenrand – selbst von DRK-Wagen und zivilen Fahrzeugen – mahnen würden, auf feindliche Tiefflieger zu achten.

Bis in die vordersten Linien hinein treffen wir nun auch an dieser Front die blauen Uniformen der deutschen Eisenbahner. Wir finden den gleichen Geist, der die ungeheuren Leistungen im Osten ermöglichte, der die Männer von Kowel beseelte. Trotz schwerster Bombenangriffe, die die Gleise zerreißen, Lokomotiven und Wagen in Bombentrichtern versenken, trotz Bordwaffenbeschusses der Tiefflieger, rollen die Räder. Auch der französische Eisenbahner steht in anerkennenswerter Berufstreue zu seiner Aufgabe.

Mit einem ungeheuren Aufwand haben feindliche Bomberverbände die Bahnanlagen bombardiert. Jedesmal, wenn wir in die Nähe eines großen Verschiebebahnhofs kamen, kündigten schon Bombenteppiche, die ihr Ziel verfehlten, und Wiesen und Äcker aufgewühlt hatten, seine Nähe an. Eine Brücke, die wenige deutsche Stukas 1940 in einem Anflug zerstörten, wurde erst nach wiederholten Angriffen stärkerer Feindverbände getroffen.

Doch, mögen die Zerstörungen im ersten Augenblick auch noch so schwer erscheinen, sofort gehen deutsche und französische Eisenbahner an die Arbeit, füllen die

Bombentrichter, bedienen die Krane, die die Trümmer aus dem Wege räumen. Pioniere schlagen in schwerer Arbeit und doch in staunenswert kurzer Zeit Notbrücken über die Flüsse. Bei den Arbeitskolonnen stehen Sicherungsposten, die beim Nahen feindlicher Jäger Alarm geben. An den Baustellen sind – wie in kurzen Abständen an allen Straßen – Splitterschutzgräben ausgehoben.

Wie die anglo-amerikanischen Jagdflieger rücksichtslos mit ihren Bordwaffen selbst auf Frauen und Kinder schießen, so machen sie auch Jagd auf Transport- und Personenzüge und auf Lokomotiven. Schon mancher deutsche und französische Lokomotivführer und -heizer hat sein Leben geben müssen in treuester Pflichterfüllung bis zum Letzten. Doch immer wieder steigen ihre Kameraden auf die Lokomotive. Ein erschütterndes Beispiel des Pflichtbewußtseins und des Beweises dafür, daß auch ein großer Teil der Franzosen den Sinn unseres Ringens auf Leben und Tod verstanden hat, gab ein alter französischer Lokomotivführer. Zwei seiner Söhne waren als Lokomotivführer die Opfer der feindlichen Jäger geworden, und trotzdem fuhr er seine Züge weiter wie bisher.

»Inzwischen hat vor allem auf den frontnahen und damit gefährdetsten Strecken deutsches Personal den Dienst übernommen, um unter allen Umständen den Nachschub zur Front trotz der oft schwierigsten Bedingungen sicherzustellen.

Auf einem kleinen Bahnhof werden schwere Panzer entladen. Die Transportzüge müssen so schnell wie möglich entladen werden, damit nicht die feindliche Luftaufklärung den bevorstehenden Einsatz der Panzerformationen ausmachen kann. Der deutsche Rangierer, der im Knopfloch die Bänder des Kriegsverdienstkreuzes und der Ostmedaille trägt, hat seine Erfahrung im Ausrangieren der Spezialwagen, die die Panzer tragen, und im Entladen von Transportzügen. Es gibt wohl keine bessere Anerkennung ihrer Arbeit, die zugleich Anerkennung ist für alle Eisenbahner, als die Worte, die uns der Einheitsführer der Panzerformation sagte: »Um das Ausladen brauche ich mich nicht zu kümmern, das machen wie immer die Blauen. Und schneller, als die das machen, geht's einfach nicht!« – Über die am Vortage aus Schwellen und Schienen errichtete Behelfsrampe rollen nun die schweren Panzer und Fahrzeuge. Sorgsam werden die Spuren der schweren Ketten verwischt, werden Fahrzeuge und Geräte unter Bäumen und Sträuchern getarnt. In der Nacht treten sie dann ihren Marsch zur Front an.

Mit Staunen sehen wir die Befestigungen des Atlantikwalls. Wieviel Tonnen Sand und Kies, Zement und Eisen mögen hier verarbeitet worden sein! Der Betriebskontrolleur eines Überwachungsbetriebsamtes nennt uns eine Zahl, die den Kiesumschlag allein in einem Hafen angibt. Erst nach dem Kriege werden einmal solche Zahlen einen Begriff vermitteln von der gewaltigen Leistung, die die Deutsche Reichsbahn mit Hilfe der französischen Eisenbahnen als Vorbereitung für den vielleicht entscheidenden Kampf im Westen, der nunmehr angelaufen ist, bewältigt hat ...«

Reichsbahn-Kriegsberichter Bandelow

Von den Strecken im Westen werden immer häufiger nach alliierten Tieffliegerangriffen Durchschüsse an Kesseln der Loks gemeldet. Um diesem Übel abzuhelfen, versucht man nun, die Lokomotiven durch Teilpanzerungen zu sichern und für das Personal Schutzkästen zu bauen. Einige Züge erhalten sogar Flugabwehrkanonen, meist 2-cm-Flakvierling 38. Die schwere Eisenbahnflak, eine besondere Einheit der Luftwaffe mit überwiegend 10,5-cm-Kanonen vom Typ 38 und 39, schützt die wichtigsten Eisenbahnobjekte.

Borissow, Herbst 1941: Auf dem Wege ins Kriegsgefangenen-Sammellager

Einer von 50 000 Kilometern: Unweit von Kiew legen Eisenbahnpioniere neue Feldbahngleise. Oktober 1941

Unter vollem Segel auf dem Schienenstrang: Bei Charkow rollt der Nachschub auf Breitspur windgetrieben nach vorn. November 1941

53

Vorschriftsmäßig
ausgestatteter
Mannschafts-
Transportwagen
mit Pritschen und
Kanonenofen. Bei
Sarny, Spätherbst
1941

54

Wjasma, November
1941: Ein Trans-
portzug der Luft-
waffe auf Rungen-
wagen

Aufruf zum Partisanenkampf, 1941

Zwischen Witebsk und Orscha, November 1941: Ein zerstörter deutscher Lazarettzug wurde zur Seite gekippt, um die Strecke sofort wieder befahrbar zu machen

Bobrujsk, Dezember 1941:
Schwere russische Güterzug-
Lok im hoffnungslosen Kampf
mit der Natur

Dezember 1941, auf Bahnhof
Stolp in Pommern: Die einge-
frorenen Bremskupplungen
müssen aufgetaut werden

Der Alltag der Ost-Eisenbahner:
Bahnhof Radom während des strengen Winters von 1941

Januar 1942: Ein blauer Eisenbahner hat gerade die
Treibstange seiner ehemals
preußischen Länderbahnlok
abgeölt

Auf der Strecke von
Mogilew nach Osstpo-
witschi, Neujahr 1942:
Eine Güterzuglok aus
der Zarenzeit arbeitet
sich langsam vor

Ostfront, Abschnitt Nord,
Winter 1941/42: An einer
Haltestelle des Feldei-
senbahnkommandos
(FEKdo) 3.

58

5

Die Ereignisse an der Ostfront verdeutlichen, wie sehr die deutsche militärische Führung die Rolle der Eisenbahn verkannt hat. Bald bestätigt sich die alte Faustregel von Moltke, daß militärische Operationen auf Schwierigkeiten stoßen, wenn sie sich weiter als 100 Kilometer vom Eisenbahnendpunkt entfernen.

Wie recht Moltke hatte, zeigt sich später auch im Verhalten der Sowjets, die ihren Rückzug meisterhaft geplant und durchgeführt haben: Die Maschinen in den Bahnhofsbetriebswerken und Werkstätten sind ausgeräumt und nach Osten transportiert. Kraftanlagen, Drehscheiben und Wasserstationen liegen gesprengt. Das Ausmaß der Zerstörung vergrößern noch dazu deutsche Truppen, die kilometerlang Fernsprechleitungen abreißen, Schneezäune verheizen und Ersatzteile als Schrott in Richtung Heimat verladen.

Auch der Bewegungskrieg der Roten Armee ist, nicht nur aus Gründen mangelnder Technisierung, ganz auf die Eisenbahn zugeschnitten. Beim Rückzug laufen die Absatzbewegungen der Truppen immer entlang der leistungsstarken Eisenbahnstrecken. Deren Zerstörung und Räumung ist so angelegt, den späteren Nachschub des Gegners auf dem Schienenweg entscheidend zu treffen. Die Direktive der Volkskommissare der UdSSR und des ZK der KPdSU vom 29. Juni 1941 lautet: »*Bei dem gezwungenen Rückzug der Einheiten der Roten Armee ist das rollende Material der Eisenbahnen mitzunehmen; dem Feind wird weder eine Lokomotive noch ein Waggon zurückgelassen.*«

Die Sowjets verlieren nur 15 Prozent ihrer Lokomotiven und können so viele Wagen retten, daß sie den ganzen Krieg über, auch in kritischen Zeiten, eine Reserve besitzen.

Die meisten der von Deutschen erbeuteten Lokomotiven sind durch übermäßig starke Beanspruchung und mangelhafte Pflege abgewirtschaftet. Sie bleiben häufig schon auf dem Weg vom Lokschuppen zu den Waggons mit irgendeinem Schaden liegen. Einzelne Züge müssen über kurze Entfernungen oft mit vier bis fünf Ersatzlokomotiven bespannt werden, weil eine nach der anderen durch schlechte Kohle, durch Luftpumpen-, Wasserpumpen-, Achslagerschäden und ähnliche Defekte oder durch Frosteinwirkungen ausfallen.

Das rollende Material – Loks, Triebwagen, Güter- und Personenwagen, Bahndienstwagen und andere Fahrzeuge – haben die Sowjets bei ihrem Rückzug mitgenommen und die langen Brücken über den Dnjepr bei Kiew, Kanew, Krementschug, Dnjepropetrowsk und Saparosche, über die Narva bei Pleskau und den Bug bei Golta und Trichaty gesprengt. Bis die Flußübergänge nach Wochen und Monaten wieder frei sind, müssen die Güter mühselig auf Breitspurwagen am anderen Ufer umgeladen werden, meist mit Kraftfahrzeugen oder Fähren. In Kiew gibt es zwar moderne Stellwerksanlagen und elektrische Lokomotiven, aber das sind Ausnahmen. Lokomotivinstandsetzungsanlagen und Werkstätten sind zumeist veraltet.

Der Oberbau der sowjetischen Gleise — gewöhnlich aus Sand, Kies oder Schotter — sowie die Schwellen, Schienen und das sogenannte Kleineisen sind sehr schwach. Die Schwellen bestehen aus ungetränktem Kiefernholz, und die Schienen sind zu leicht. Deshalb können auch vorwiegend nur leichte deutsche Lokomotiven mit einem Achsdruck bis 16 Tonnen auf diesen Strecken zum Einsatz kommen, und das sind meistens ältere zugschwache Typen, die bereits im Ersten Weltkrieg eingesetzt waren.

Wenn möglich, wird jeder beschädigte oder ausgebrannte Güterwagen wieder instandgesetzt: Auf alte Untergestelle von Personenwagen setzt man neue Aufbauten und schafft so, gekennzeichnet durch einen schrägen gelben Strich, einen neuen Wagentyp. Diese »Gelbstrichwagen« bilden meist geschlossene Züge und transportieren Baumaterial, Zuckerrüben und Düngemittel.

Ende des Jahres 1942 erreicht das Eisenbahnnetz im deutsch-besetzten Teil der Sowjetunion die größte Ausdehnung von insgesamt 41 000 Kilometern. Im Reichsgebiet sind es dagegen rund 79 000, bei der heutigen Bundesbahn unter 30 000 Kilometer. Der Betrieb bleibt jedoch nur schwer in Gang, weil die Front inzwischen fast tausend Kilometer von der deutschen Grenze entfernt liegt und man auf die

Überwindung einer solchen Distanz nicht vorbereitet ist.

In der Zeit der größten Machtentfaltung — die besetzten Gebiete haben annähernd den fünffachen Umfang des Reiches erlangt — laufen ab September 1942 zusätzlich Getreidetransporte aus dem Osten nach Deutschland. Als sich im November 1942 das Eisenbahnnetz bis in die Vororte von Stalingrad, bis Woronesh und bis an den Terek ausweitet, hat die DRB Eisenbahnlinien in der Gesamtlänge von 161 000 Kilometern mit 1,7 Millionen Bahnbeamten und Arbeitern in grauen und blauen Uniformen zu verwalten. Das heißumkämpfte Stalingrad ist der östlichste Punkt, den die deutschen Eisenbahner erreichen.

Alles andere als reibungslos ist jedoch die Zusammenarbeit zwischen den blauen Eisenbahnern und den grauen Eisenbahnpionieren. Die Pioniere legen es darauf an, schnelle Arbeit zu leisten und hohe Zahlen an ihre Vorgesetzten zu melden, während die blauen Eisenbahner an einen ausgedehnten, möglichst zweispurigen Dauerbetrieb denken. So spuren die grauen Pioniere auf zweigleisigen Hauptstrecken meist nur ein Gleis um und achten kaum darauf, daß dadurch häufig Laderampen, Lokomotivschuppen und andere wichtige Einrichtungen nicht mehr zu erreichen sind.

Hinzu kommt das große Problem mit der russischen Schieferkohle. Sie bildet eine geschlossene, glasharte Schlackendecke, die immer wieder aufgerissen und auf einer kurzen Strecke ein halbes Dutzendmal ausgeschlackt werden muß. Man hilft sich nun und lädt Holz auf die Tender. Häufig muß jedoch der Vorrat auf Bahnhöfen oder unterwegs auf freier Strekke, überall wo Holzstapel zu finden sind, ergänzt werden, denn 40 Stunden Fahrzeit für 100 Kilometer sind keine Seltenheit.

Feiertags-Reiseverkehr
»Die Deutsche Reichsbahn hat vor allem die kriegs- und lebenswichtigen Güter zu befördern und kann daher einen starken Reiseverkehr zu Weihnachten und Neujahr nicht hinreichend bedienen. Sie bittet deshalb dringend, zwischen dem 20. Dezember und 4. Januar alle nicht unbedingt notwendigen Reisen, insbesondere in Schnell- und Eilzügen, zu unterlassen, und während dieser Zeit auf Urlaubs- und Vergnügungsreisen sowie auf Fahrten zum Sport zu verzichten oder sie auf den Nahverkehr zu beschränken.

Für bestimmte Züge werden wieder Zulassungskarten in beschränkter Zahl an den Fahrkartenschaltern und in den Reisebüros gebührenfrei ausgegeben.«
DNB, 15. Dezember 1942

Der Zustand der Betriebsanlagen im Osten, vor allem für Reparatur, Pflege und Versorgung der Lokomotiven ist äußerst dürftig. Wasserbehälter, Wasserkräne und Pumpen sind ausgebaut oder gesprengt, ebenso die Antriebsmotoren. Die Heizer müssen die Kohlen mit der Schaufel in die Tender holen, manchmal über Notbühnen. Selbst Wasser für die Lok ist oft gar nicht mehr vorhanden, es muß über weite Strecken herangeschafft werden. Aus alten Kesselwagen stellt das Eisenbahnpersonal notdürftig Wassertürme zur Aufbewahrung des Wassers her.

Man wird auch mit der Donezkohle nicht fertig. Nur durch Zufall, bei der Inspizierung einer zunächst undefinierbaren Einrichtung auf dem Bahnhof des Ortes Losowaja, entdecken die Eisenbahner, daß Donezkohle vor der Verfeuerung in Lokomotiven mit Öl getränkt werden muß.

Trotz des sich ausweitenden Krieges erhält die DRB lediglich Material und Industriekapazität zur Durchführung des allerwichtigsten Reichsbahnprogramms, das ganz auf die Forderungen der Wehrmacht zugeschnitten ist. Die anhaltenden Transportschwierigkeiten weiten sich im außergewöhnlich strengen Winter 1941/42 zu einer ernsten Krise aus. Der Rückstau an Güterzügen beträgt tageweise bis zu 1100 Garnituren. Totale Annahmesperren und ein Ausbleiben der Kohleversorgung zahlreicher Betriebe sind die Folge. Bis Ende Februar 1942 sind 143 Rüstungsbetriebe völlig und 35 weitere teilweise stillgelegt. Im Mai 1942 stellt sich heraus, daß nicht nur die Kälte und die Fahrparkabgaben an die Ostfront zur Winterkrise geführt haben. Vielmehr ist die Reichsbahn den Anforderungen des Krieges nicht mehr gewachsen. Erst jetzt befaßt sich die Regierung grundlegend mit den Transportproblemen und ändert die Verhältnisse bei der DRB.

Anfang Juni 1942 schaltet sich der Reichsminister für Bewaffnung und Munition, Albert Speer, ein.

Albert Speer schreibt in seinen Erinnerungen: »Zur gleichen Stunde bestimmt Hitler, daß Feldmarschall Milch und ich vorübergehend als Verkehrsdiktatoren zu wirken haben, wir sollen dafür sorgen, daß die gestellten Forderungen ›in weitgehendem Umfang und in schnellster Zeit erfüllt werden‹.«

Albert Ganzenmüller, ein strammer Parteigenosse, wird nach Generaldirektor Julius Dorpmüller der zweite Mann an der Spitze der Reichsbahn. Mit der Feststellung, daß »wegen der Transportfrage der Krieg nicht verlorengehen dürfe«, und mit der Aufforderung, daß diese Frage »zu lösen sei«, beendet Hitler die wichtige Sitzung.

Dazu *Albert Speer*: »Eine Woche nach der Ernennung Ganzenmüllers, bei der so lapidare

Worte über die Lösung der Transportfrage gefallen waren, besuchte ich Hitler noch einmal. Getreu meiner Auffassung, daß die Führung in kritischen Zeiten Beispiele geben müsse, schlug ich Hitler vor, die Benutzung von Salonwagen durch die Spitzen des Reiches und der Partei bis auf weiteres einzustellen, wobei ich natürlich nicht an ihn selbst dachte. Hitler wich der Entscheidung jedoch aus, indem er behauptete, daß Salonwagen im Osten wegen der schlechten Unterkunftsmöglichkeiten notwendig seien. Ich berichtigte ihn: die meisten Wagen würden nicht im Osten, sondern im Reich gefahren, und legte ihm eine lange Liste der zahllosen prominenten Benutzer von Salonwagen vor. Doch hatte ich keinen Erfolg.«

Die Reparaturen von Lokomotiven steigen von 600 auf 1500 Maschinen monatlich. Die gleichfalls erhöhte Kapazität der Wagenwerke ermöglicht es, die Zahl der beschädigten Wagen von 67 000 im Mai 1942 auf die Hälfte, 31 000 im Juli 1942, zu senken. Tatsächlich entspannt sich die Transportlage im Sommer 1942 auf Grund zahlreicher Maßnahmen. Dazu sorgen die neuerrichteten Transportleitstellen für eine bestmögliche Wagenausnützung. Der bisher übliche Kreuz- und Querverkehr der Güterwagen durch halb Europa wird unterbunden.

In der Sowjetunion werden zunächst mehrere Feldeisenbahndirektionen, später Feldeisenbahnkommandos genannt, errichtet. Ihr Personal, die grauen Eisenbahner, unterstehen als militärische Formationen dem Chef des Transportwesens und gelangen in den eroberten Gebieten als erste zum Einsatz. Die Feldeisenbahner tragen feldgraue Landseruniformen und arbeiten ausschließlich im Interesse der Wehrmacht.

Die »Feldeisenbahnabteilungen« in einer Stärke von je etwa 1500 Mann sind ebenfalls dem Wehrmachtstransportchef unterstellt. Frühere Berufseisenbahner, die eingezogen wurden, führen den unmittelbaren Frontbetrieb durch. Geleitet wird eine »Feldeisenbahnabteilung« von dem Abteilungskommandeur, dem unter anderen für die technischen Arbeiten ein Abteilungsingenieur, ein Betriebsingenieur, ein Betriebskontrolleur und eine Reihe von Sachbearbeitern zugewiesen sind.

Nächtliche Streife zur Sicherung der durch Partisanen gefährdeten Eisenbahnlinie. Kobryn, Dezember 1941

Schlobin, Januar 1942: Ein Parti-
sanenverband ist in der Nähe des
Bahnknotenpunktes gemeldet worden

Schlobin, Januar 1942: Von beiden Seiten wird der Partisanenkrieg erbarmungslos geführt

63

›Kohlenklau am hellen Tag‹: Ein Brikett-Transport in Güterwagen der DR vom Typ Villach, rechts ein zweiachsiger Güterwagen der BMB (die Bahn des sogenannten Protektorats); Lemberg, Januar 1942

64

Kiew, Januar 1942: Deutsche Eisenbahnpioniere bauen mit Eisblöcken eine Strecke über den zugefrorenen Dnjepr

Achtung!

Bei plötzlichem Halt infolge **Gleissprengung** sofort hinlegen, da **Feuerüberfall** zu erwarten!

Ferner werden die Fahrgäste im eigenen Interesse dringend gebeten, zwischen und unter den Bänken und Polstersitzen, sowie hinter den Heizkörpern nach **versteckten Sprengkörpern**, Säureflaschen u. Brandsätzen zu suchen. Verdächtige Gegenstände **nicht** berühren!

Feststellungen **sofort** an Eisenbahnbedienstete melden!

Verdächtige Personen festhalten!

Ostbahndirektion
Warschau

Generalgouvernement, Frühjahr 1942: Erhöhte Partisanengefahr!! Aufruf der Ostbahndirektion Warschau an die Reisenden

65

Orscha, Februar 1942: Diese Vorrichtung am Schutzwagen soll mit ihrem Bügel Stabminen auslösen, um die Lok und den Zug vor Explosionsschäden zu bewahren

Wie aus der guten, alten
Zeit wirkt die verträumte
Atmosphäre des kleinen
Fahrdienstleiter-Häus-
chens auf Bahnhof Sa-
mostotschje. Februar
1942

Im Waldlager bei Nowo-
grudok, Dezember 1941:
Kleine Diesellok der
deutschen Feldbahnen

März 1942 bei Krementschug: Eröff-
nung der 1000 Meter langen Dnjepr-
Brücke

März 1942. Eine unversehrte Eisenbahnbrücke über den Samosch bei
Sathmar, Ungarn: Wehrmachts-Trans-
port mit der DR-Baureihe 57[10]

Auf Bahnhof Lichaja bei Rostow, Mai 1942: Ein feldgrauer Eisenbahner als Zugmeldebeamter

Unten, links: Beim ersten Frühjahrs-Sonnenschein posieren vor der Kamera zwei Eisenbahner, ein blauer und ein feldgrauer, vor ihrem Büroeingang auf dem Bahnhof von Charkow, März 1942

Rechts: Der tägliche Trott auf Bahnhof Gomel, April 1942: Ein feldgrauer Eisenbahner am Hebelwerk des Stellwerks

Verkehrsstelle

Abfertigung von Truppentransporten,
Wehrmachtgut in Wagenladungen,
Verwundeten- und Gefallenengepäck.
Ladeaufsicht, Wagendienst,
Wagenermittlungsdienst,
Zugabfertigung.

Mai 1942, nördlich von Rostow: Eine im Bereich des Feldeisenbahnkommandos (FEKdo) 5 gebaute Behelfsbrücke mit Schmalspurlok vom Typ HF 110 C.

Finnland, Frühjahr 1942: Dieser improvisierte Panzerzug sichert eine wichtige Strecke vor Partisanen-Überfällen

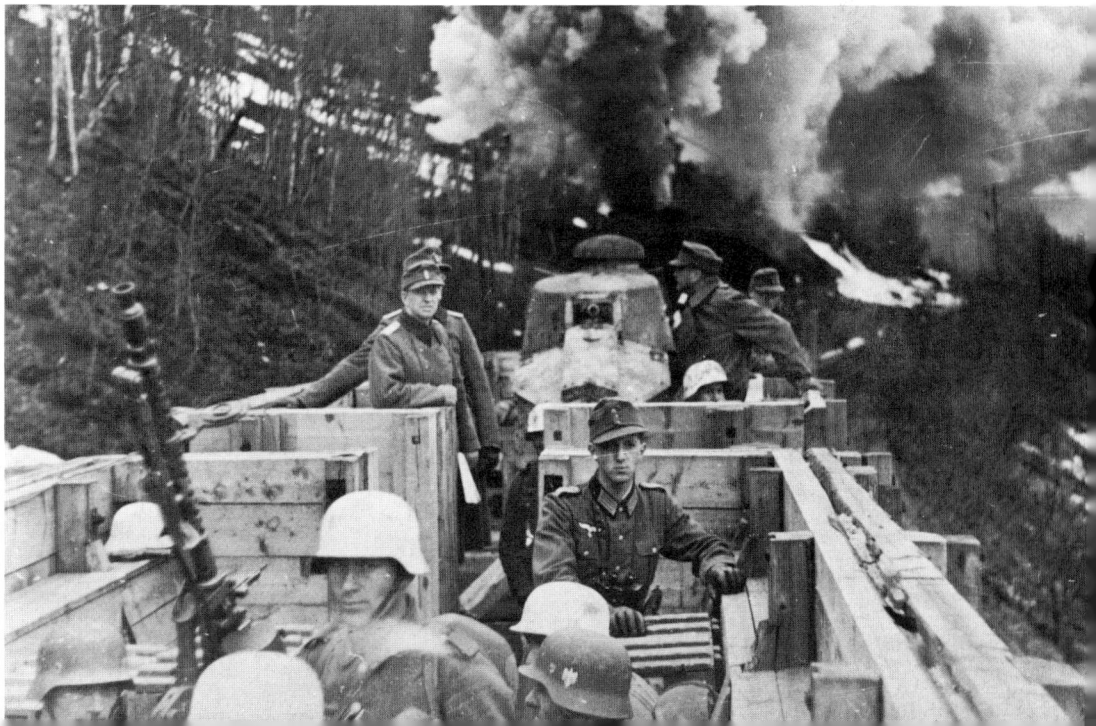

Kazinkowitschi bei Gomel, eine kleine Station inmitten des Partisanen-Gebiets, am 1. Juni 1942: Die Arbeit des Eisenbahners ist Umgang mit dem Tod, die Handgranaten sind griffbereit...

Kazinkowitschi bei Gomel, am 4. Juni 1942: Nach dem Überfall sind fünf Eisenbahner tot, zwei Züge in die Luft gejagt und das Stellwerk zerstört

70

Shmerinka, westlich von Odessa, am Nachmittag des 25. Juli 1942: Behelfsstellwerk unter freiem Himmel, ein ehemaliger sowjetischer Eisenbahner ist mit dabei

1. Fahrzeuge	
	**Ölkanne** жестянка для масла sheßtjanka dlja mas.
	**Handlampe** ручная лампа rutschnaja lampa
	**Oberwagenlaterne** задний сигнал sadnij ßignal
	**Petroleumkanne** жестянка для керосина sheßtjanka dlja keraßina

Eine Seite aus der »Anleitung zur Verständigung mit dem russischen Personal«.

Fahrt ohne Wiederkehr: Mit der Lok aus der Zarenzeit und Musik dampfen sie ihrem Schicksal entgegen. Drei Jungs von der 94. Inf.-Div. auf der Strecke von Tschir nach Stalingrad, dem östlichsten Punkt, der von deutschen Eisenbahnern erreicht wurde. 6. August 1942

6

Der schnelle Geländegewinn in der Sowjetunion erfordert bald weiteres Bahnpersonal, das man direkt aus den Reihen der DRB abzieht. Über recht primitive Ausbildungslager in Deblin und Legionowo im besetzten Polen gelangen diese Männer zum Einsatz an die Ostfront. Sie tragen blaue Uniformen und eine gelbe Armbinde mit der Aufschrift *»Deutsche Wehrmacht«*. In einem Schreiben vom 6. November 1941 an den Verkehrsminister beschwert sich der Transportchef darüber, daß die blauen Eisenbahner ohne die nötige Ausrüstung, manchmal sogar ohne Eßgeschirr, an die Front kommen. Sie unterstehen als »Wehrmachtsgefolge« zwar dem Transportchef, stoßen aber vielfach auf das Unverständnis der Wehrmacht, die im Grunde für die Versorgung der »Blauen« zuständig ist.

Selbst bei den Feldeisenbahnkommandos hält man dem Eisenbahner häufig den seinem zivilen Rang und seiner Fachkenntnis entsprechenden Dienstgrad vor. Erst im Januar 1942 haben die blauen Eisenbahner aufgehört, »Wehrmachtsgefolge« zu sein. Damit ist aber auch die Fürsorge der Wehrmacht zu Ende, gerade als diese sich langsam einzuspielen beginnt. Die Eisenbahner fühlen sich nun zu Recht als zweitklassig behandelt.

Für die Militärzüge selbst besteht eine feste Organisation. Auf sogenannten Transportstraßen, die wie im Reichsgebiet mit verschiedenen Farben gekennzeichnet sind, läuft der Nachschub. So führt durch den Bezirk Riga die rote Transportstraße Wirballen – Kowno – Wilna – Dünaburg – Rositten – Pleskau – Luga – Leningrad. Zwischen den Transportstraßen bestehen Querverbindungen, auf die bei Störungen zurückgegriffen werden kann. Der militärische Grundsatz heißt, daß zu jeder Armee eine leistungsstarke Bahnlinie führen soll, die im Hinterland parallel zur Front durch mindestens zwei Strecken verbunden sein muß. Im Bezirk Minsk zum Beispiel gibt es sogar sieben solcher Transportstraßen.

Die Entfernungen im besetzten Teil der UdSSR sind so groß, daß es oft Tage dauert, bis die Züge ans Ziel gelangen. Der Wehrmacht ist also nicht bekannt, wo die einzelnen Transporte gerade stecken. Die Befehlshaber wollen aber nicht nur wissen, wieviele Transporte unterwegs sind, sondern auf welcher Strecke sie sich befinden.

Bei der Oberzugleitung in Kiew kommt man auf eine recht sinnvolle Idee: Für jeden Zug wird eine besondere Karte angelegt, und für jeden Streckenabschnitt zwischen zwei Lokwechselbahnhöfen gibt es einen Karteikasten, in dem die Karten aller Züge stecken, die gerade den jeweiligen Streckenabschnitt befahren. In Abständen von zwei Stunden – so lange brauchen die Eisenbahnen durchschnittlich zwischen den einzelnen Meldepunkten – werden die Karten entsprechend der einlaufenden Meldung in den nächsten Kasten gesteckt.

Die Reichsverkehrsdirektion Minsk verwendet dafür eine Landkarte mit Steckfähnchen. Der Arbeitsstab dieser größten Oberzugleitung der DRB besteht aus einem Leiter, seinem Stellvertreter, je drei Disponenten des Süd-Ost- und Nord-West-Bezirkes, vier Lokdienstbeamten und drei Kräften für die ›Bildliche Zugüberwachung‹.

Der Bezirk Minsk hat eine Ausdehnung von rund 600 Quadratkilometern. Die vielen Sabotageanschläge und damit verbundene, zum Teil sehr lange Strecken- oder Gleissperrungen und Abnahmebeschränkungen sowie die oft notwendigen Zieländerungen in der Streckenführung erfordern schnellste Umleitungsmaßnahmen. Auf der sechs Quadratmeter großen Übersichtskarte an der Wand sind die neun Transportstraßen des Bezirks durch verschiedenfarbige Kordeln markiert, die unterschiedlichen Zugarten durch bunte Fähnchen mit Aufstecknadeln in allen möglichen Farben, entsprechend der vorgesehenen Streckenführung.

Jeder Zug, der aus dem Bereich von Nachbardirektionen oder Feldeisenbahnkommandos übernommen oder innerhalb des Bezirks gebildet wird, erhält sein Fähnchen, ausgenommen die planmäßigen Reise- und Güterzüge, die schon listenmäßig überwacht werden. Die durchfahrenden Züge werden täglich beim jeweiligen Übergang rechts und links der großen Übersichtskarte im vorgesehenen Tagesplan

markiert. Vom Zielpunkt der Übernahme fahren sie bis zur Übergabe oder Auflösung auf Grund der achtstündigen Meldungen der Zugleitungen auf den günstigsten Streckenführungen durch den Bezirk.

Abweichungen vom vorgesehenen Leitungsweg sind an der farbigen Nadel, die bei planmäßigem Lauf mit der Farbe der Streckenführung übereinstimmen muß, sofort erkennbar. So genügt trotz der durch Feindeinwirkung und Unfälle bedingten zeitlichen und streckenmäßigen Veränderungen der Zugläufe ein Blick auf die Überwachungstafel, um sofort zu sehen, ob, wo und wann ein Zug auf der Strecke zwischen zwei Lokwechselbahnhöfen zu suchen ist, oder auf welchem Abstell-, Rückstau- oder Umspannbahnhof er sich gerade befindet. Hat ein Zug sein Ziel erreicht oder den Bezirk verlassen, wird sein Fähnchen mit entsprechendem Ankunftseintrag versehen und aufbewahrt.

Der graue Strom auf Rädern
»Die große Verteilerzentrale für militärische Reisende ist der Bahnhof ›Friedrichstraße‹ in Berlin. Nicht am Bahnsteig, sondern am Gepäck und an der Ausrüstung wird das Reiseziel erkannt. Nach dem Westen gibt es Koffer, steife Dienstmützen und vielleicht sogar eine Aktentasche. Für den Osten kommen große Rollen mit Decken, Stallaternen und in Zeitungspapier eingewickelte Primuskocher in Frage. Nach dem Westen reist der Stiefel, in den Osten der Knobelbecher. Der U-Boot-Fahrer von der Atlantikküste hat einige eingewickelte Brote und Reisemarken bei sich, der Osturlauber schleppt in einer alten Munitionskiste Marschverpflegung für 8 Tage, eine Bratpfanne und eine Waschschüssel mit. Nach dem Westen überwiegt der Einzelfahrer, der hinter den

neuesten Zeitungen sitzt. Der Osten fordert gebieterisch Gruppenbildung. Einer muß das Essen holen, ein anderer das Gepäck bewachen, wenn die Gruppe sich die Beine vertritt. Ein dritter heizt den kleinen Eisenofen, bis die Holzbänke zu schwelen anfangen, und ein vierter stellt sich bei Suppenausgabe so geschickt auf, daß er bis zur Abfahrt auch die Feldflaschen mit Tee füllen lassen kann …

Auch für diesen Reiseverkehr gibt es Spezialisten, besonders unter den Kurieren und Befehlsübermittlern. Für sie ist es Ehrensache, in vier oder fünf Tagen an der Kaukasusfront zu sein, wenn Neulinge noch in Bataisk auf Anschluß warten. Sie haben einen besonderen Sinn für Sonderzüge oder angehängte Wagen. Sie sind schon im Bett eines leeren Lazarettzuges gefahren und im Kartenwagen eines Oberbefehlshabers. Sie schwingen sich ebenso auf die Bombenkisten eines Munitionszuges wie auf die allein fahrende Lokomotive, die eine neue Strecke ausprobiert …

Sie sind eine Art ›Rekordtramps‹ der großen eisernen Heerstraße. Ihre Ehre heißt Schnelligkeit, und wer ihnen etwas von Reisetechnik erzählen will, entlockt ihnen nur ein wehes Lächeln …«
Reichsbahn, 3/4 1942

Wegen der starken Beanspruchung des Bahnpersonals im Osten muß im Dezember 1941 bereits eine Urlaubssperre verhängt werden. Die Situation verschlechtert sich weiter. Wasserkräne, Behälter und Leitungen, die nicht mindestens 2 m tief im Boden verlegt sind, frieren ein. Dann fehlt es an Wasser, weil der Grundwasserspiegel sinkt und die Quellen versiegen. Weitere Behinderungen des Zugverkehrs treten durch Schneeverwehungen in den waldlosen Gebieten der Ukraine auf.

Anfang Januar 1942 fallen die Temperaturen auf 45 Grad Kälte. Die deutschen Truppen müssen unter dem übermächtigen Druck starker sowjetischer Verbände auf verteidigungsfähige Stellungen zurückgehen. Es fehlt in der vorderen Kampflinie an Benzin, Munition und Verpflegung. So liegt beim Eisenbahnkommando 3 der Verkehr am 4. Februar 1942 völlig lahm. Auf der wichtigen Strecke Brest-Litowsk – Minsk – Smolensk fahren im Februar 1942 nur acht Züge täglich bis zur Front durch, die anderen stauen sich bis in den Bezirk der Gedob und verstopfen die Umspanngleise.

Der starke Kälteeinbruch im Januar 1942 wirkt sich nicht nur an der Ostfront, sondern im gesamten Reichsgebiet verheerend aus. Der Frost reduziert den Fahrpark auf ein Minimum. Die deutschen Lokomotiven sind für die langanhaltende Kälte völlig ungeeignet. Ihre freiliegenden Kolbenspeisepumpen und Injektoren, die Vorwärmer und alle offen liegenden öl- und wasserführenden Leitungen sind zu frostempfindlich. Die ausgefallene Schmierung führt zu heißgelaufenen Achslagern. Auch die Dampfstrahlpumpen der deutschen Lok sind zu fein und lange nicht so robust wie die russischen. Da es zu wenig Lokschuppen und Auftaustände gibt, wird die Triebfahrzeuglage zum Problem. Lokomotiven müssen im Freien mit offenem Feuer aufgetaut werden, Wasserkräne frieren ein und Betriebsmittel vereisen. Es häufen sich die Unfälle, da Signalbeleuchtungen oft gestohlen werden. Verwundetenzüge brauchen eine zweite Lokomotive, da keine Heizwagen zur Verfügung stehen.

Das Reichsbahn-Zentralamt in Berlin bringt am 27. November 1941 Anleitungen heraus, wie man die Lokomotiven gegen Frost schützen könne. Man empfiehlt das Anbringen von leichten Holzkästen um die gefährdeten Pumpen. Dabei sind die Rohre an den Lokomotiven gleichen Typs nicht einmal einheitlich verlegt. Also muß auf die Holzschutzkästen verzichtet werden. Zu den freiliegenden Ölrohren meint das Zentralamt, man solle sie mit Papierschnur umwickeln und dann mit einem Teeranstrich wetterfest machen.

Erst Ende Februar 1942, als der schlimmste Teil des Winters beinahe vorbei ist, kommt aus Berlin die neue Anweisung für eine »endgültige Frostschutzausstattung«. Selbst die aus Deutschland zusätzlich eintreffenden Lokomotiven sind ab Brest-Litowsk wegen Frostschäden nicht mehr einsatzfähig. Auftaustände, in denen Eis und Schnee nach dem Einsatz der Lokomotiven abgeschmolzen werden können, fehlen beinahe gänzlich. Nur auf den Abschlackgruben in den Betriebswerken kann man die Maschinen abtauen.

Der harte Winter bedeutet auch eine Gefahr für die Behelfsbrücken über Flüsse, besonders bei Anbruch des Tauwetters. Im April 1942 werden durch das Schmelzwasser des Dnjepr-Nebenflusses Worskla der Bahnhof Poltawa und die Unterkünfte des Feldeisenbahnkommandos 3 überschwemmt. Die Fluten unterspülen die Gleise des Bahnhofs und bringen 40 Kilometer weiter südlich auf der Strecke nach Krementschug die Eisenbahnbrücke zum Einsturz. Es läßt sich nicht einmal klären, wer für die Sicherung der gefährdeten Brücken zuständig ist.

Als am 6. März 1942 ein Beauftragter des Reichsverkehrsministeriums die Düna-Brücke auf der Strecke Polozk – Dünaburg besichtigt, kann ihm niemand sagen, wer die Verantwortung für den Schutz dieser wichtigen Brücke trägt: der Pionierstab, der Reichsbahnbautrupp der HBD Nord in Riga, das Brückenson-

derdezernat der HBD Mitte in Minsk oder das Betriebsamt Polozk.

Die Ausfälle an Lokomotiven betragen inzwischen 70 Prozent, beim Feldeisenbahnkommando 3 (Kiew) sogar 80 Prozent der Normalspurmaschinen und 60 Prozent der Breitspurloks. Das Betriebswerk Minsk kann nur mit Mühe zehn von hundert Loks einsetzen.

Erinnerungen für die Nachkriegszeit
»Es ist beabsichtigt, den Kriegseinsatz der Deutschen Reichsbahn nach Beendigung des Krieges in einer zusammenfassenden Darstellung zu schildern und dabei einen erheblichen Teil den Erlebnissen des Eisenbahners auf den verschiedenen Kriegsschauplätzen und bei gefährlichem Einsatz in der Heimat zu widmen. Da solchen erst nach Beendigung des Krieges abgefaßten Erlebnisberichten vielfach die Unmittelbarkeit und Nähe des Erlebens fehlen und mit dem Zeitablauf manche interessante Einzelheit in der Erinnerung verblaßt, soll schon jetzt die Sammlung von geeignetem Material, unterteilt nach Einsatzgebieten, sichergestellt werden... Die Berichte sollen nicht nach einem bestimmten Schema abgefaßt werden; Auszüge aus Tagebüchern und Briefen können besonders wertvoll sein. Auch soll der Humor zu seinem Recht kommen.«
NSBZ-Voraus, 18/19, 1942

Der für 1940 vorgesehene Bau von 1350 Dampflokomotiven und 65000 Wagen war nicht zu verwirklichen, weil Reparatur- und Oberbauarbeiten mehr Rohstoffe verlangten, als für diesen Zweck zugeteilt werden konnten. Erst Ende 1941 erkennt Hitler, welchen Wert die bis dahin von ihm stark vernachlässigte Eisenbahn zur

Bewältigung und Nutzung der besetzten Gebiete hat. Der Rückstand soll durch verstärkte Lieferungen aufgeholt werden, denn es zeigt sich deutlich, daß die DRB mit ihrer derzeitigen Ausrüstung den Anforderungen des Krieges nicht gewachsen ist. In der Meinung, der bewaffnete Konflikt sei rasch zu lösen, erhält die DRB anfänglich keine nennenswerte Förderung. Erst ab 1941 wird sie schließlich in die Rüstungsplanung mit einbezogen. Nun heißt es, in kürzester Zeit möglichst viele und robuste Kriegslokomotiven herzustellen.

Auf einer Sonderkonferenz fallen für die Reichsbahn wichtige Entscheidungen. Speer wird mit der Verwirklichung des »Führerprogramms« betraut, wonach der Bau von 15000 Kriegslokomotiven in einem Zeitraum von zwei Jahren vorangetrieben werden soll.

A. Speer notiert in seinen Erinnerungen: »Als Göring hörte, daß wir beabsichtigten, die Lokomotivfertigung zu vervielfachen, ließ er mich nach Karinhall kommen. Er schlug mir ernstlich vor, Lokomotiven aus Beton zu bauen, da wir nicht genügend Stahl zur Verfügung hätten. Die Betonlokomotiven würden zwar nicht so lange halten, wie die aus Eisen, meinte er; aber dann müsse man eben einfach entsprechend mehr Lokomotiven herstellen. Wie das bewerkstelligt werden sollte, wußte er allerdings nicht; gleichwohl beharrte er monatelang auf dieser abwegigen Idee, für die ich zwei Stunden Autofahrt, zwei Stunden Wartezeit vergeudet sowie einen hungrigen Magen nach Hause gebracht hatte.«

Das Reichsverkehrsministerium läßt einen Ausschuß die Konstruktionsvorschläge zur Vereinfachung der Lokreihe 50 überprüfen. Und im Dezember 1941 will man von den in Frage kommenden Industrieunternehmen wissen, inwieweit sie in der Lage seien, eine neue geeignete Lokomotive herzustellen. Nach Vorstellungen des Ministeriums soll diese Lokomotive bei einer Einsparung an Material und Arbeitsaufwand Züge von 1200 t Last in der Ebene mit einer Geschwindigkeit von mindestens 65 km/h bei gleicher Achslast der Reihe 50 (15 Mp) schaffen.

Diese vereinfachten Lokomotiven tragen nach der Betriebsnummer die Aufschrift ÜK (Übergangs-Kriegslokomotive). Alle Lokfabriken schließen sich als Verhandlungspartner in der Gemeinschaft Großdeutscher Lokomotivfabriken (GGL) zusammen. Ein Sanierungsplan sieht das Auslaufen der Fertigung der Reihen 44 und 86 bis zum Mai 1943 vor. Die Produktion der Reihe 50 soll von 65 Maschinen im Januar 1942 als vereinfachte Kriegslok bereits bis Juni 1943 auf 620 Stück der abgeleiteten Reihe 52 gesteigert werden. Am 15. August 1942 wird der 15000 Lokomotiven umfassende Auftrag, wohl der größte im mitteleuropäischen Lokomotivbau, an die Industrie vergeben. Danach ist vorgesehen, 7000 Lokomotiven der BR 52 – lieferbar bis Februar 1944 – und 8000 Lokomotiven der bereits geplanten, jedoch noch nicht durchkonstruierten BR 42 herzustellen.

Die ersten Entwürfe zur zweiten Kriegslok der Baureihe 42 gehen auf das Jahr 1941 zurück. Auf Anraten der Ostbahn wird die polnische Lok Ty 37 als Konstruktionsmodell herangezogen. Auf der Basis dieses Vorhabens erhält die DRB erstmals Stahlzuteilungen in einem bisher nicht gekannten Ausmaß: So erreichen die Industrie im 3. Quartal 1942 monatlich 69500 t Rohstahl für den Bau von Lokomotiven. Von der Baureihe 52 werden insgesamt 6575 Stück von den Firmen Henschel, Borsig, Krauß-Maffei und MBA in Deutschland, aber auch von Škoda in der Tschechoslowakei und von Chrzanow in Polen gebaut. Am 7. März 1942 kommt es zu einem Abkommen zwischen Speer und Dorpmüller, das den Fahrzeugbau für die Reichsbahn in die gesamte Rüstungsindustrie integriert. Der Lokomotivbau wird damit ein Teil der Rüstung und ist erstmals seiner Wichtigkeit entsprechend eingestuft.

»52001« in Feldgrau. – Der Krieg schuf seine Lokomotive

»Der deutsche Soldat hat einen neuen feldgrauen Kameraden bekommen: die Kriegslokomotive. Mit ihr verbindet ihn in mancherlei Beziehung das gleiche Schicksal. So wie er sich immer wieder den harten Notwendigkeiten des Krieges unterwirft, durch sie seine Erfahrungen sammelt und täglich wissender und geübter in den Kampf geht, so ist in diesem totalen Kriege die Entwicklung auf allen Gebieten, besonders auf dem der Technik, ständig im Fluß. Niemand wird behaupten, daß die Lokomotiven, die bisher in Deutschland gebaut wurden, schlecht sind. Aber sie waren, wie auch der Führer in seiner Reichstagsrede am 26. April dieses Jahres ausführte, ebenso wie der deutsche Mensch nicht auf Kältegrade vorbereitet, wie sie uns überfallsmäßig im Winterkampfe 1941/42 getroffen haben.

Jeder Soldat, der das rote Ordensband trägt, hat das miterlebt; er weiß, wie hart und umfangreich der Einsatz und auch der Verschleiß an Lokomotiven im Osten war. Jeder Ausfall einer Lokomotive aber schafft in unserer Verkehrswirtschaft eine fühlbare Lükke, besonders in einer Zeit, in der die steigenden Verkehrsanforderungen ständig ein Mehr an rollendem Material erfordern.

Man braucht sich ja nur einmal die riesigen Gebiete auf der Karte anzusehen, die von unseren Truppen erobert und besetzt wurden, um sich ein Bild davon machen zu können, welche Verkehrsleistungen allein nötig sind, um den Nachschub für die Wehrmacht zu sichern.

Darum wurde die neue Kriegslokomotive geschaffen. Sie ist winterhart, hält also selbst der östlichen Kälte stand. Dazu braucht ihre Herstellung bedeutend weniger Zeit und weniger Material. Schon beim ersten Baumuster einschließlich Tender konnten etwa 26000 Kilogramm Einsatzmaterial eingespart und die Bauzeit um 6000 Arbeitsstunden herabgesetzt werden. Diese verblüffenden Erfolge, die in kurzer Zeit erreicht wurden, werden sich erst dann voll auswirken, wenn – nach einer Übergangsserie, die zur Zeit noch gebaut wird – am 1. Januar 1943 das Produktionsprogramm anläuft. Die erste Lokomotive der neuen Baureihe 52, die darum die Nummer 52001 trägt, ist bereits fertiggestellt und hat auf 5000 Kilometern zum Teil schwierigstem Schienenweg mit steilen Gebirgsstrecken, engen Kehren und unzureichendem Unterbau die Belastungsprobe für ihren späteren Einsatz, der vorzugsweise im Osten erfolgen soll, bestanden.

Ihre feldgraue Farbe ist mehr als ein Symbol. Denn wie der Soldat alles, was ihn belastet, von sich abgestreift hat, so ist es auch bei ihr geschehen. Der Fachmann spricht dabei von ›Entfeinerung‹. So wurde zum Beispiel der Lackanstrich eingespart, auf unnötige Politur verzichtet, das Läutewerk und die Windleitbleche fortgelassen. Erhöhtes Gewicht wurde dagegen auf den Frostschutz gelegt. Und hier wird auch der Nichtfachmann am leichtesten den neuen Typ von dem bisherigen unterscheiden können. Die dampf- und wasserführenden Rohrleitungen sind soweit wie möglich unter die Kesselbekleidung verlegt, alle anderen erhalten Wärmeschutz durch Rohrverkleidungen. Die Ölleitungen für die Zylinderschmierung sind ummantelt und mit einer Begleitheizung versehen. Denn so wie auch die Waffen bei hohem Frost gängig bleiben müssen, so muß vorgesorgt werden, daß auch bei der ›Lok‹ das Öl in den Achsen und Getrieben nicht gefriert und erstarrt. Besonders auffällig ist bei der neuen ›Lok‹ die Schornsteinklappe. Wer sich an die ältesten Lokomotiven erinnert, wird in dieser Klappe einen alten Bekannten begrüßen. Bei der Kriegslokomotive wird sie dann geschlossen, wenn die ›Lok‹ nicht in Betrieb ist, um ein Auskühlen der Maschine zu vermeiden. Aber auch an den Lokomotivführer und seinen Kameraden, den Heizer, ist gedacht worden. Sie werden nicht mehr wie im letzten Winter dem eisigen Fahrtwind ausgesetzt sein, der jede Stunde des Aushaltens auf der ›Lok‹ zu einer harten Willensprobe machte. Das Führerhaus ist nunmehr mit einer Holzverschalung, zum Tender hin durch einen Segeltuchbalg, gänzlich geschlossen. Der Fußboden des Führerhauses wird außerdem durch eine Heizschlange erwärmt. Daneben gibt es noch eine Reihe anderer Frostschutzmaßnahmen, die zu erörtern nur dem Lokomotivfachmann zustehen würde. Erwähnt sei nur noch, daß das Fassungsvermögen der Wasserbehälter der Kriegslokomotive auf 34 Kubikmeter erhöht wurde gegenüber bisher 26 Kubikmeter. Auch Kohle kann mehr mitgeführt werden, und zwar zehn gegenüber bisher acht Tonnen.

Von Kindesbeinen an ist der Mensch dem ›Dampfroß‹ besonders zugetan. Wie ganz anders erst der Landser! Für ihn ist die deutsche Lokomotive ein Stück Heimat, das treu und zuverlässig über Tausende von Kilometern, die ihn von zu Hause trennen, zu ihm kommt. Als neuen Kameraden schickt ihm nun die Heimat die Kriegslokomotive, den ›Schützen Lok‹ ins Feld. Und dieser ›Schütze Lok‹ wird ein getreues Abbild des Landsers sein: genauso zuverlässig in jeder Lage, anspruchslos und bescheiden, genauso zäh und aushaltend, wenn es darauf ankommt, und immer bereit, selbst den verfahrensten Karren aus dem Dreck zu ziehen.«
Die Wehrmacht, 1942

Die Ersparnis an wertvollen Rohstoffen bei der Kriegs-Güterzuglokomotive Baureihe 52 ist recht ansehnlich. Nach umstrittenen Angaben Speers beträgt der Kupferbedarf einer normalen Lokomotive 2360 kg, während sich die Lok 52 mit 120 kg begnügt. Selbst der Verbrauch von NE-Matallen verringert sich von 2650 kg auf 272 kg.
Um die neue Lok 52 den Kriegserfordernissen besser anzupassen, verlangt Hitler: »In die Ost-Lokomotiven ist schleunigst in primitivster Form ein Klosettrohr einzubauen und ein vom Führerstand aus zu betätigender, über ein Kugelgelenk drehbarer Suchscheinwerfer anzubringen.« Dazu kommt es nicht.
Die erste reguläre Kriegslok 52001 wird am 12. September 1942 der Öffentlichkeit vorgestellt und startet anschließend zu einer Propagandafahrt durch Deutschland. Planmäßig steuern die deutschen Lokomotivfabriken im Frühsommer 1943 ihr Ziel – den Bau von 500 Maschinen in einem Monat – an. Diese Zahl wird im Juni 1943 erstmals erreicht. Jedoch im März 1943 verspricht Hitler seinen Generälen wiederum die Verdoppelung der Panzerherstellung. Nun muß Speer vorrangig das »Adolf-Hitler-Panzer-Programm« durchfüh-

ren, und der Lokomotivbau rutscht in der Dringlichkeit aus der Spitze der Rüstungsvorhaben wieder nach hinten.

Führerbefehl
»In Anerkennung der einmaligen Leistungen der Eisenbahner in diesem Kriege bestimme ich den 7. Dezember zum Tag des Deutschen Eisenbahners.«
Adolf Hitler, 7. Dezember 1943

»Berufskameraden, meine Gäste! Weshalb wir den 7. Dezember zum Tag des Deutschen Eisenbahners erwählt haben: Weil es am 7. Dezember vor 108 Jahren war, als der erste deutsche Zug die kurze Strecke von Nürnberg nach Fürth durchfuhr. Aus den wenigen Männern, die diesen Zug führten, ist die gewaltige Zahl von 1600000 Eisenbahnern geworden. Jeder 18. Mann im Deutschen Reich ist Eisenbahner oder gehört einer Eisenbahnerfamilie an... Wenn wir allen Schwierigkeiten zum Trotz den ersten Tag des Deutschen Eisenbahners in die Zeit des fünften Kriegsjahres verlegen, so soll dies der Dank an alle Eisenbahner sein für ihre Leistungen in dieser Kriegszeit. Sie haben die Feuerprobe bestanden; die Anforderungen der Wehrmacht sind erfüllt, den Bedürfnissen der Rüstungswirtschaft wurde genügt und die Versorgung des deutschen Volkes ist transportmäßig gesichert...«
Reichsverkehrsminister Dorpmüller

Genaue Zahlen über die Leistungen der DRB auf militärischem Sektor sind durch Vernichtung der Unterlagen nicht mehr festzustellen, doch nimmt man an, daß es im Inland etwa 70 Prozent und im besetzten sowjetischen Gebiet rund 90 Prozent der gefahrenen Züge waren.

DIE NEUE KRIEGSLOKOMOTIVE

»Im März dieses Jahres hat der Führer dem Reichsminister für Bewaffnung und Munition den Auftrag erteilt, innerhalb des Rüstungsprogramms die Lokomotiv- und Waggonerzeugung zu übernehmen und zu steigern. Innerhalb dieses Auftrages wurde eine neue Kriegslokomotive entwickelt, die durch Vereinfachung der Konstruktion und Verbesserung der Fertigung *wesentliche Materialeinsparungen* brachte. Weiter wurden durch die damit durchgeführten Vereinfachungen der Fertigung in sechs Monaten 1150000 *Arbeitsstunden eingespart*. Nach den bisherigen Ergebnissen ist zu erwarten, daß das vom Führer gestellte Ziel in kurzer Zeit nicht nur erfüllt, sondern *weit übertroffen* wird.
Die Arbeiten werden von dem Hauptausschuß Schienenfahrzeuge beim Reichsminister für Bewaffnung und Munition, Speer, durchgeführt, dessen Leiter Direktor Gerhard Degenkolb ist. Pressevertretern wurde

Gelegenheit geboten, diese Kriegslokomotive Baureihe 52 und mit ihr eine Zugeinheit, die sechs Güterwagen und zwei Güterzuggepäckwagen umfaßt, zu besichtigen.

Diese *vereinfachte Lokomotivenbauart*, die als einzige Bauart in sehr großer Zahl von allen großdeutschen Lokomotivfabriken für die Reichsbahn gebaut wird, ist ein Gemeinschaftswerk der Gemeinschaft Großdeutscher Lokomotivfabriken. Bei der Kriegslokomotive einschl. Tender werden schätzungsweise je Lokomotive 26000 kg Einsatzmaterial und 6000 Arbeitsstunden erspart. Davon entfallen rd. 12000 kg auf den Tender, dessen Gewicht von 26 auf 18 t herabgesetzt werden konnte, dafür aber jetzt 34 cbm Wasser gegen 26 cbm vorher und 10 gegen 8 t Kohle faßt.

Aus den vom Leiter des Hauptausschusses, Direktor Degenkolb, gegebenen Erläuterungen waren vor allem die umfangreichen Typenvereinfachungen aufschlußreich. So ist die Zahl der Dampflokomotivtypen von 119 auf 12, die der feuerungslosen von 11 auf 2, die der Motorlokomotiven von 97 auf 5 und die der verschiedenen Motore von 74 auf 4 vermindert worden. Diese Vereinfachungen haben zu der oben erwähnten Arbeitszeiteinsparung geführt, und was das unter den heutigen Umständen bedeutet, wird jedem klar sein. Die *Vereinfachungen* erstrecken sich aber nicht nur auf den Lokomotivbau, sie dehnen sich auch auf die gezeigten *Güterwagen* aus. So hat die jetzige Bauweise bei den Güterzuggepäckwagen (Pwgs) eine Einsparung von 25 vH., bei den gedeckten Güterwagen (Glhs) eine solche von 38 vH. und den (G) eine solche von 24 bis 30 vH. oder 45 bis 50 vH., bezogen auf das Ladegewicht, erzielt. Bei den ungedeckten Güterwagen (Ghs) beträgt die Einsparung 29 bzw. 49 vH., bei den Kühlwagen 34,4 bzw. 50,6 vH., bei den Rungenwagen (Rmms) 24 bzw. 63 vH. und den offenen Güterwagen (Ommu) 29,3 bzw. 33,3 vH., auf das Ladegewicht bezogen. Man muß sich einmal diese Einsparungen an Material und Arbeitszeit auf der einen und den Riesenbedarf an Schienenfahrzeugen auf der anderen Seite vorstellen, um sich den richtigen Begriff von der Tragweite dieser Maßnahmen vorzustellen.

Beim Lokomotivbau hat die Arbeitszeiteinsparung vom 1. April bis 1. September 1942 zu einer *Produktionssteigerung* von 92,5 vH. geführt. Es sind also im September fast zweimal soviel Lokomotiven von den Werken geliefert worden wie im März dieses Jahres. Die seitdem eingeleiteten und noch im Ausbau befindlichen weiteren Maßnahmen zur Baubeschleunigung, wie z. B. das Taktverfahren – so nennt der Fachmann die den Erfordernissen des Lokomotivbaues angepaßte Fließarbeit – werden dazu führen, daß innerhalb Jahresfrist eine *erhebliche weitere Steigerung* eintreten wird.

Die finanzielle und materielle Seite darf dabei auch nicht übersehen werden, denn je größer die Ablieferung ist, desto größer ist die Einsparung an Material und dessen Einsatzmöglichkeit an anderer Stelle sowie die Verminderung der Herstellungskosten für die einzelne Lokomotive. Die vorgeführte Zugeinheit hat sich auf einer sich über 5000 km erstreckenden Fahrt, bei der entscheidende Belastungseinflüsse gesucht wurden, glänzend bewährt. Was für die Güte der Bauart besonders spricht, ist die Bewährung auf Unterbauen, die sich in keiner Weise mit denen der Deutschen Reichsbahn vergleichen lassen. Damit ist die notwendige Sicherheit für die Ansprüche gegeben, die die Reichsbahn an das rollende Material stellen muß.

Die vom Hauptausschuß geleistete Arbeit und deren Erfolg müssen als Zeichen der Zeit gewertet werden. Der Krieg war auch hier ein harter Lehrmeister, der es aber verstanden hat, *ein Ziel zu erreichen, das zu anderen Zeiten wohl kaum in diesem Umfang und in dieser kurzen Zeit zu erreichen gewesen wäre.*«

Völkischer Beobachter, 13. Oktober 1942

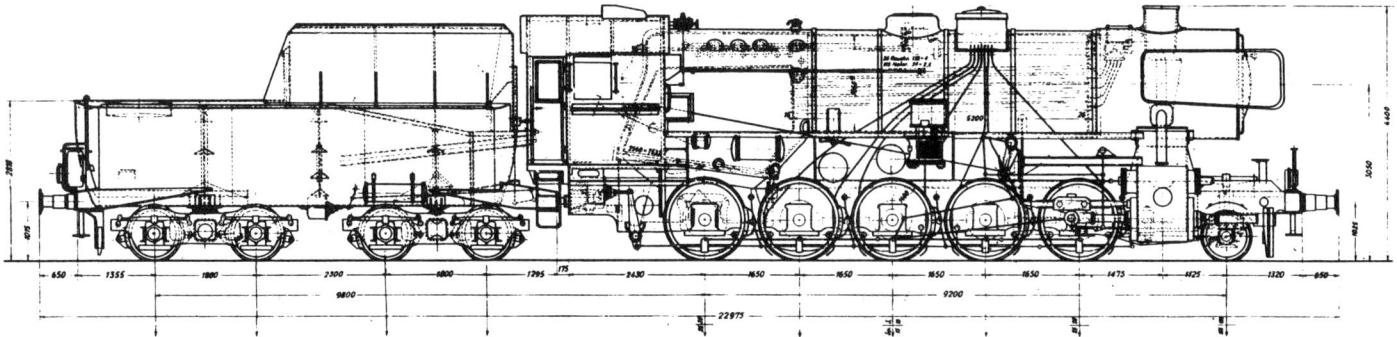

Herbst 1942, Güterzug-Kriegslokomotive, Baureihe 52: Allseitig geschlossenes, doppelwandiges Führerhaus, dazu der mit Glasfasermatten isolierte Kessel

Technische Daten:
BR 52, Borsig, Blechrahmen, Baujahr 1942

Preis mit Tender 2'2'T 30, Herbst 1942	179 000 RM	Dampfraum	3,00 m³
Achsfolge	1'E h2	Verdampfungsoberfläche	10,80 m²
Geschwindigkeit (max)	80/80 km/h	Überhitzerheizfläche	68,94 m²
Laufraddurchmesser	850 mm	Nenndampfleistung	10,l t/h
Treibraddurchmesser	1400 mm	Indizierte Leistung	1620 PS
Achsstand (fest)	3300 mm	Indizierte Zugkraft	21 720 kg
Gesamtachsstand (ohne Tender)	9200 mm		
Länge über Puffer (mit Tender)	22 975 mm		
Leergewicht	75,9 t		
Dienstgewicht	84,0 t		
Tender 2'2'T 30 (leer)	18,7 t		
Reibungsgewicht	75,7 Mp		
Größte Achslast	15,4 Mp		
Zylinderdurchmesser	600 mm		
Kolbenhub	660 mm		
Kesseldruck	16 atü		
Rostfläche	3,89 m²		
Strahlungsheizfläche	15,9 m²		
Rohrheizfläche	161,93 m²		
Länge der Rohre	5200 mm		
Langkesseldurchmesser	1700 mm		
Wasserinhalt des Kessels	7,75 m³		

Die genaue Zahl der bis zum Zusammenbruch des III. Reiches fertiggestellten Dampfloks BR 52 läßt sich jetzt nicht mehr feststellen, sie beträgt etwa 6500 Einheiten. Die BR 52, zwar als reine Kriegszweckkonstruktion mit beschränkter Lebensdauer konzipiert, erweist sich dank ihres einfachen, soliden Baus als eine recht unverwüstliche Maschine. Ausgenommen England, die Iberische Halbinsel, Schweiz und Schweden, lief sie ihren täglichen Dienst in West- und Osteuropa einschließlich der Sowjetunion bis in die siebziger Jahre. Sie wird noch mehrere Jahre nach dem Kriege in Belgien, Luxemburg und Polen weitergebaut. Und wer Glück hat, kann sie in osteuropäischen Ländern heute noch im Dienst antreffen. Die BR 52 ist übrigens außerhalb der USA die meistgebaute Lokbaureihe der Welt.

82

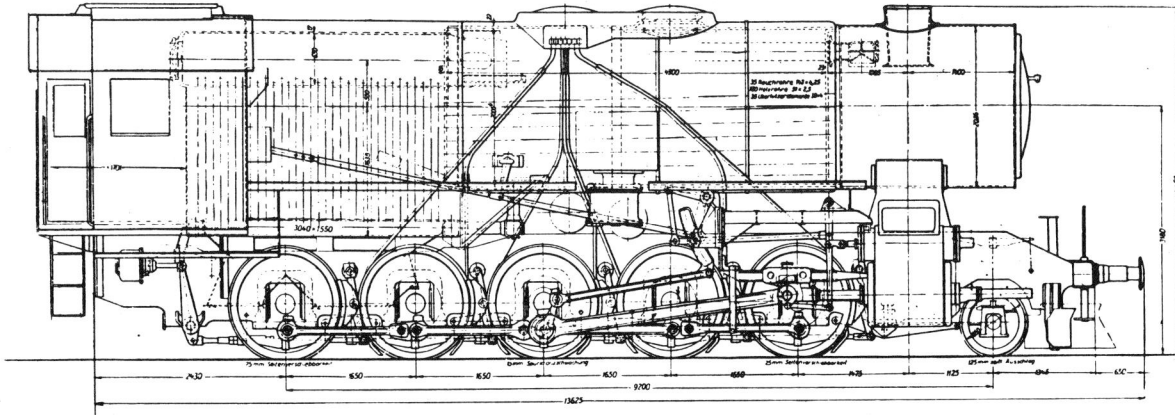

August 1943, 2. Kriegslokomotive, Baureihe 42: Henschel und Wiener Lokfabrik, mit Blechrahmen und Brotankessel, nach den Erfahrungen mit der polnischen Güterzuglokomotive Ty 37 entworfen

Technische Daten:
BR 42, Henschel/Floridsdorf - WLF, Baujahr 1943
mit Brotan-Wasserrohrkessel (+ Tender 2′2′T 30)

Preis mit Tender, Herbst 1943	155 000 RM	Rohrheizfläche	190,14 m²
Achsfolge	1'E h2	Länge der Rohre	4900 mm
Geschwindigkeit (max)	80/80 km/h	Langkesseldurchmesser	2000 mm
Laufraddurchmesser	850 mm	Wasserinhalt des Kessels	9,25 m³
Treibraddurchmesser	1400 mm	Dampfraum	3,70 m³
Achsstand (fest)	3300 mm	Verdampfungsoberfläche	10,48 m²
Gesamtachsstand (ohne Tender)	9200 mm	Überhitzerheizfläche	71,20 m²
Länge über Puffer (mit Tender)	23 000 mm	Nenndampfleistung	um 13 t/h
Leergewicht	90,0 to	Indizierte Leistung	V 1800 PS
Dienstgewicht	99,6 to	Indizierte Zugkraft	23 960 kg
Tender 2′2′T 30 mm (leer)	46,0 to		
Reibungsgewicht	88,8 Mp		
Größte Achslast	18,3 Mp		
Zylinderdurchmesser	630 mm		
Kolbenhub	660 mm		
Kesseldruck	16 atü		
Rostfläche	4,71 m²		
Strahlungsheizfläche	20,85 m²		

Etwa 900 Lokomotiven BR 42 werden bis Kriegsende gebaut. Man hat sie mit konstruktiver und fertigungstechnischer Vereinfachung sowie unter Berücksichtigung der schlechten Gleislage Osteuropas entworfen. Die robuste Güterzuglok BR 42 fährt heute noch in einigen Ländern Osteuropas, in Polen sind bis 1950 etwa 120 Stück hergestellt worden.

August 1942: Die gemeinsam mit ungarischen Eisenbahnpionieren wieder erbaute Brücke bei Kriwoj-Rog mit einer nagelneuen ungarischen Lok, Baureihe 424

Ukraine, Sommer 1942. Fünfzehn Kilometer von Winniza entfernt, auf der Strecke nach Schitomir, liegt Hitlers neues Hauptquartier »Werwolf«: Die beiden Mächtigen, Himmler und Bormann, auf dem Behelfsbahnsteig, im Hintergrund ein Salonwagen

Kiew, Sommer 1942: Kühlwagen aus Schlesien mit Extras für die Offizierskantine

Unten, links: Das Werk deutscher Eisenbahnpioniere: Brücke über den Seim bei Konotop, Sommer 1942. Wieder eine G 10-Lok

Rechts: Sommer 1942, Ostfront, Abschnitt Süd: Übergabe jeder wiederhergestellten Brücke, ein festlicher Tag für die angetretenen Eisenbahnpioniere

Aus »Völkischer Beobachter«, 8. 7. 1942

Aus »Völkischer Beobachter« 1. 7. 1942

Aus »Völkischer Beobachter«, 11. 7. 1942

Aus »Völkischer Beobachter«, 22. 7. 1942

86

Jeder Wagen mehr –

WERKZEUG
FÜR EINE
GROSSE
MONTAGEHALLE

DR

Helft mit! Laßt keine Wagenecke leer!

Räder müssen rollen für den Sieg!

Jeder Wagen mehr –

**120 STUNDEN
JAGDEINSATZ**
gegen den Feind

DR

Helft mit! Lastet die Güterwagen voll aus!

Räder müssen rollen für den Sieg!

Aus »Völkischer Beob-
achter«, 29. 7. 1942

Aus »Völkischer Beob-
achter«, 15. 7. 1942

Aus »Völkischer Beob-
achter«, 6. 8. 1942

Jeder Wagen mehr –

**NEUE AALE
GEGEN
DEN FEIND**

DR

Helft mit! Be- und entladet auch nachts!

Räder müssen rollen für den Sieg!

**Er geht vor!
Verzichte Du!**

DR

Jeden Platz für Fronturlauber!

Aus »Völkischer Beob-
achter«, 14. 12. 1942

Vorbereitung für die Heimat
1. Munition abgeben.
2. Entlausung.
3. Papiere kontrollieren, Zugzuweisung und abstempeln auf Befehlsstand.
4. Marschverpflegung empfangen.
5. Geld wechseln.
6. Je, nach Wunsch zum Verschönerungsrat.
7. Anmeldung daheim durch Post im Lager: „Mutti, ich komme!"
8. Zu den Zügen wird abgerufen, etwa 1/2 Std. vorher angetreten und eingeteilt.
9. Alles mit guter Laune, sauberem Benimm und Freude auf die Heimat.

›Mit guter Laune und sauberem Benimm‹: Auf dem Weg von der Ostfront in die Heimat. Kupjansk, Herbst 1942

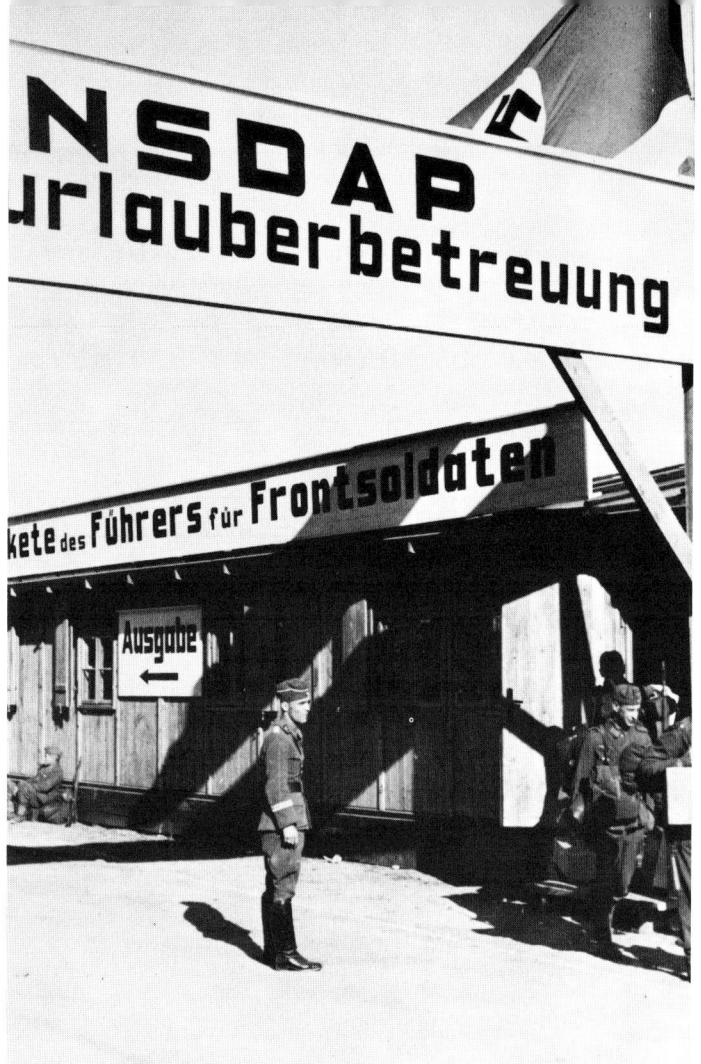

Kupjansk, östlich von Charkow, Herbst 1942: Mit dem Führer-Paket in den Urlaub

Links: Hinweisschild für Eisenbahnreisende auf dem Wege in die Heimat

Rechts: Eine der wichtigsten Einrichtungen des Bahnhofs Brest-Litowsk, Sommer 1942

Verlauste und **Urlauber halt**

Meldung im Zelt 20 Schritt zurück.

Entlausungs-Anstalt

Wegweiser Bahnhof Dnjepropetrowsk, Sommer 1942

Die erste Pflicht eines Urlaubers anno 1942: Munitionsabgabe. Gomel, September 1942

Vor dem Fahrplan für Schnellzüge mit Fronturlauberteil (SF-Züge): Drei Nachrichtenhelferinnen (»Blitzmädel« genannt) auf dem Hauptbahnhof Rouen. Frankreich, September 1942

90

An einem Tag im Oktober, Smolensk 1942: Das Führer-Paket

Ein Seewolf kehrt heim: Bahnhof St. Nazaire, September 1942

Minsk Hauptbahnhof, August 1942: Schlangestehen zum Kaffeeholen

›Zu den Zügen wird abgerufen, etwa 1½ Stunden vorher angetreten und eingeteilt‹: Das wohlverdiente Nickerchen auf dem Bahnhof von Bjelgorod, September 1942

91

Schnellzug mit Fronturlauberteil von Trier nach La Negresse über Metz, Bordeaux. September 1942

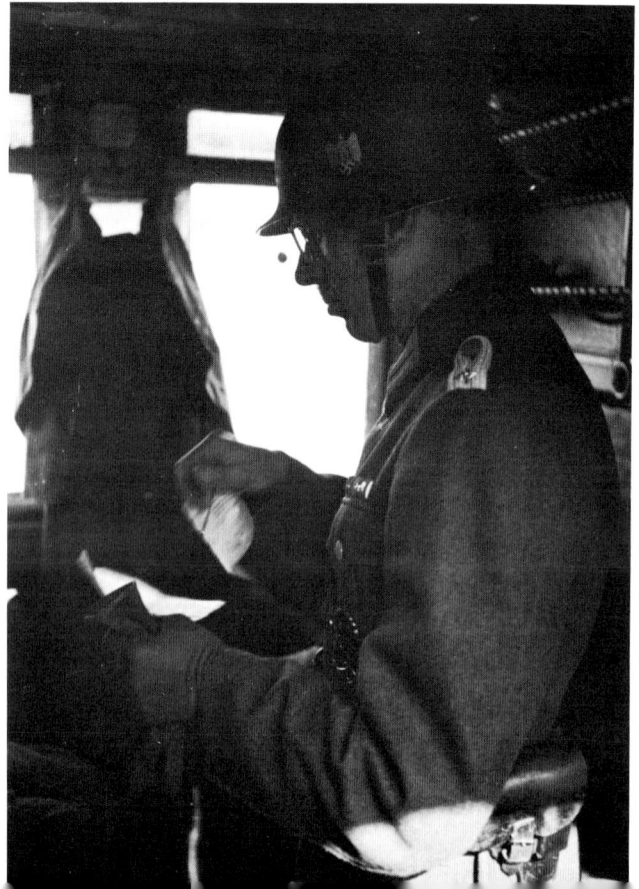

»Ihren Urlaubsschein bitte!...«

92

7

Außer den perfekt durchgeführten Aufmärschen in West und Ost, der Bewältigung des täglichen Nachschubes für die kämpfenden Truppen an den Kriegsschauplätzen ganz Europas, der Belieferung eigener und fremder Industriestädte und der Versorgung der Bevölkerung vollbringt die DRB trotz der ständig ansteigenden Schwierigkeiten eine weitere, wenn auch zwielichtige Leistung: Die Fahrten in Todeslager mit menschlicher Fracht. Dazu benötigt man Tausende und Abertausende von »Zugbewegungen«, um Millionen von Juden aus allen Teilen des Kontinents in die Feueröfen von Treblinka, Majdanek oder Auschwitz zu befördern.

Es ist offensichtlich, daß ohne das Stillschweigen der Alliierten in Ost und West die DRB diese Aufgabe nicht lösen kann. Kein Flugzeug stört »die Umsiedlertransporte«, kein Tieflieger schießt je eine Lok der Todeszüge zusammen, kein Bombengeschwader wirft seine zerstörende Last auf einen der Bahnknotenpunkte, welche die Strecken zum Vernichtungslager verbinden. Auch die Partisanen in den Wäldern Rußlands, Polens, Frankreichs und des Balkans bleiben in ihren Schlupfwinkeln.

Ohne diese eigenartig anmutende Untätigkeit der Hitlergegner, die von Anfang an im Bilde sind und bei der Verfolgung eigener strategischer Ziele sehr genau wissen, wie die Leistung der DRB zu vernichten ist, hätte wohl der Initiator der Endlösung, SS-Obersturmbannführer Adolf Eichmann, seinen Plan niemals verwirklichen können. Dies gehört auch zu den Kriegsannalen der DRB.

Der Erfahrungsbericht, den Hauptmann der Schutzpolizei Fritz Salitter als Kommandeur eines Begleitkommandos der Gestapo Düsseldorf am 26. Dezember 1941 vorlegt, schildert eine jener Fahrten, von denen es keine Wiederkehr mehr gibt.

»Vertraulich!
Bericht über die Evakuierung von Juden nach Riga. Transportbegleitung in Stärke von 1/15 vom 11. 12.–17. 12. 1941.
Transportverlauf. Der für den 11. 12. 1941 vorgesehene Judentransport umfaßte 1007 Juden aus den Städten Duisburg, Krefeld, mehreren kleineren Städten und Landgemeinden des rheinisch-westfälischen Industriegebietes. Düsseldorf war nur mit 19 Juden vertreten. Der Transport setzte sich aus Juden beiderlei Geschlechts und verschiedenen Alters, vom Säugling bis zum Alter von 65 Jahren zusammen.

Die Ablassung des Transportes war für 9.30 Uhr vorgesehen, weshalb die Juden bereits ab 4.00 Uhr an der Verladerampe zur Verladung bereitgestellt waren. Die Reichsbahn konnte jedoch den Sonderzug, angeblich wegen Personalmangels, nicht so früh zusammenstellen, so daß mit der Einladung der Juden erst gegen 9.00 Uhr begonnen werden konnte. Das Einladen wurde, da die Reichsbahn auf eine möglichst fahrplanmäßige Ablassung des Zuges drängte, mit der größten Hast vorgenommen…

Auf dem Wege vom Schlachthof zur Verladerampe hatte ein männlicher Jude versucht, Selbstmord durch Überfahren mittels Straßenbahn zu verüben. Er wurde jedoch von der Auffangvorrichtung der Straßenbahn erfaßt und nur leichter verletzt. Er stellte sich anfänglich sterbend, wurde aber während der Fahrt bald sehr munter, als er merkte, daß er dem Schicksal der Evakuierung nicht entgehen konnte.

Ebenfalls hatte sich eine ältere Jüdin unbemerkt von der Verladerampe, es regnete und war sehr dunkel, entfernt, sich in ein nahegelegenes Haus geflüchtet, entkleidet und auf ein Klosett gesetzt. Eine Putzfrau hatte sie jedoch bemerkt, so daß sie dem Transport wieder zugeführt werden konnte. Die Verladung der Juden war gegen 10.15 Uhr beendet. Nach mehrmaligem Rangieren verließ der Zug dann gegen 10.30 Uhr den Güterbahnhof Düsseldorf-Derendorf in Richtung Wuppertal… Nach dem letzten Rangieren stellte ich fest, daß der Wagen des Begleitkommandos (2. Klasse), anstatt in die Mitte des Zuges, am Ende der Personenwagen, also als 21. Wagen, einrangiert worden war…

Um 11.10 Uhr wird Konitz erreicht. Ich konnte mein Vorhaben bis auf die Umrangierung des eigenen Wagens durchführen. Anfänglich wurde mir diese zugesagt, dann erklärte mir der Stationsvorsteher, daß die Einrangierung in die Mitte des Zuges wegen Fehlens einer Rangierlok und der erforderlichen Gleise nicht durchführbar sei, er aber den Wagen nach vorn rangieren lassen werde. Hiermit war ich einverstanden… Nach etwa 5 Minuten erschien er aber wieder und erklärte mir, daß er den Zug sofort wieder abfahren lassen müsse und ein Rangieren jetzt, es waren inzwischen 50 Minuten vergangen, nicht mehr möglich sei.

Das Verhalten des Stationsvorstehers schien mir unverständlich, weswegen ich ihn in energischer Weise zur Rede stellte und mich beschwerdeführend an die zuständige Aufsichtsstelle wenden wollte.

Er erklärte mir darauf, daß diese Stelle für mich nicht zu erreichen sei, er seine Anweisungen habe und den Zug sofort abfahren lassen müsse, weil 2 Gegenzüge zu erwarten seien. Er stellte sogar das Ansinnen an mich, einen Wagen inmitten des Zuges von Juden zu räumen, ihn mit meinem Kdo. zu belegen und die Juden in dem Begleitwagen 2. Klasse unterzubringen. Es erscheint angebracht, diesem Bahnbediensteten von maßgebender Stelle einmal klarzumachen, daß er Angehörige der deutschen Polizei anders zu behandeln hat als Juden. Ich hatte den Eindruck, als ob es sich bei ihm um einen Volksgenossen handelt, der immer noch von dem ›armen Juden‹ zu sprechen pflegt und denen der Begriff ›Jude‹ völlig fremd ist.

Dieser Bahnbeamte brachte es sogar fertig, den Zug, den ich für 2 Minuten verlassen mußte, um mir auf der Station des Roten Kreuzes einen Fremdkörper aus dem Auge entfernen zu lassen, führerlos abfahren zu lassen. Nur dem Eingreifen eines meiner Posten war es zu verdanken, daß der Lokführer nach dem Anfahren noch einmal hielt und ich den Zug so noch mit Mühe erreichen konnte… Auf dem Bahnhof Schaulen (1.12 Uhr) wurde die Begleitmannschaft von Schwestern des Roten Kreuzes ausreichend und gut verpflegt. Es wurde Graupensuppe mit Rindfleisch verabfolgt…

Um 19.30 Uhr wurde Mitau (Lettland) erreicht. Hier machte sich schon eine erheblich kühlere Temperatur bemerkbar. Es setzte Schneetreiben mit anschließendem Frost ein. Die Ankunft in Riga erfolgte um 21.50 Uhr, wo der Zug auf dem Bahnhof 1 1/2 Stunden festgehalten wurde. Hier stellte ich fest, daß die Juden nicht für das Rigaer Ghetto bestimmt waren, sondern im Ghetto Skirotawa, 8 km nordostwärts von Riga, untergebracht werden sollten. Am 13.12., um 23.35 Uhr, erreichte der Zug nach vielem Hin- und Herrangieren die Militärrampe auf dem Bahnhof Skirotawa. Der Zug blieb ungeheizt stehen. Die Außentemperatur betrug bereits 12 Grad unter Null.

Die Übergabe des Zuges erfolgte alsdann um 1.45 Uhr, gleichzeitig wurde die Bewachung von 6 lettischen Polizeimännern übernommen. Da es bereits nach Mitternacht war, Dunkelheit herrschte und die Verladerampe stark vereist war, sollte die Ausladung und die Überführung der Juden in das noch 2 km entfernt liegende Sammelghetto erst am Sonntag früh beim Hellwerden erfolgen.«

gez. *Salitter*, Hauptmann der Schutzpolizei

Eichmanns rechte Hand, SS-Hauptsturmführer Dieter Wisliceny, beschreibt ziemlich genau die Methode, um Züge für die Deportationen freizubekommen: »Zur Besorgung von Sonderzügen oder Waggons hat Eichmann seinen Verkehrsreferenten, SS-Hauptsturmführer Nowack, der mit Ministerialrat Stange von der Deutschen Reichsbahn das Nötige erledigt, beauftragt. Lokale Fahrtangelegenheiten werden aber zwischen der Gestapo an Ort und Stelle mit der zuständigen Reichsbahndirektion oder auch der lokalen Bahnhofsverwaltung ausgehandelt.«

Da die Wehrmacht ein Mitspracherecht hat, muß sich Stange mit den Militärs in Verbindung setzen. Für das OKW hat es aber nur Zweck, ein Veto einzulegen, wenn sich die Wehrmacht gerade im Aufmarsch befindet. Andernfalls verweigert Hitler die Unterstützung.

Ein anderer Schriftwechsel belegt, daß auch das Verkehrsministerium sich aktiv an der Endlösung beteiligt. So schreibt der Staatssekretär im Reichsverkehrsministerium, Ganzenmüller, am 28. Juli 1942 an Himmlers Intimus und Chef des Persönlichen Stabes, SS-Obergruppenführer Karl Wolff: »Seit dem 22.7. fährt täglich ein Zug mit je 5000 Juden von Warschau über Malkinia nach Treblinka, außerdem zweimal wöchentlich ein Zug mit 5000 Juden von Przemysl nach Belzec. Gedob steht in ständiger Fühlung mit dem Sicherheitsdienst in Krakau.«

Der von dem stellvertretenden Ankläger im Nürnberger Prozeß, Robert Kempner, entdeckte Antwortbrief von Wolff an Ganzenmüller lautet: »Lieber Parteigenosse Ganzenmüller! Im Namen des Reichsführers SS danke ich Ihnen vielmals für Ihren Brief. Mit besonderer Freude habe ich von Ihrer Mitteilung Kenntnis genommen, daß nun schon seit zwei Wochen täglich ein Zug mit je 5000 Angehörigen des auserwählten Volkes nach Treblinka fährt. Ich habe von mir aus mit den beteiligten Stellen

Fühlung genommen, so daß eine reibungslose Durchführung der gesamten Maßnahmen gewährleistet erscheint.«

Auch der Kommandant des Vernichtungslagers Auschwitz, Rudolf Höß, weiß zu berichten: »Das Programm der einzelnen Aktionen, das in einer Fahrplanbesprechung durch das Reichsverkehrsministerium genau festgelegt war, mußte unbedingt eingehalten werden, um eine Verstopfung der betreffenden Bahnlinien zu vermeiden, insbesondere aus militärischen Gründen.«

Aus den noch vorhandenen Unterlagen geht hervor, daß die dem Reichsverkehrsministerium nachgeordneten Stellen, die Generalbetriebsleitungen, die Reichsbahndirektionen, die Gedob, die Ostbahndirektionen, die Reichsverkehrsdirektionen im besetzten Rußland und die Reichsbahnbehörden in den besetzten und befreundeten Ländern bindende Weisungen erhielten. So viele Stellen der Eisenbahn – betrifft es auch jeweils nur einen kleinen Personenkreis – erlangen eine gewisse Kenntnis über die Deportation und den Zielort, von wo nur Leerzüge zurückkehren. Es ist natürlich in einem totalitären Staat undenkbar, sich gegen solche Weisungen zu sperren. Dazu kommen der Druck und die Überwachung durch die örtlichen SS-Stellen, besonders im Generalgouvernement, wo der berüchtigte höhere SS- und Polizeiführer Friedrich-Wilhelm Krüger amtiert.

Die Transporte laufen unter größter Geheimhaltung ab. Die Kenntnis, daß Konzentrationslager auch Vernichtungslager sind, bleibt lediglich auf einen gewissen Personenkreis beschränkt. In keiner Sitzung der Gedob oder der Abteilungsleiter fällt jemals nur ein Wort über die Judentransporte oder die Vernichtungslager. Die SS fordert ihrerseits die Eisenbahnwagen nur an, indem sie Fahrtnummern angibt. Dem Wagenbüro ist nie bekannt, für welchen Zweck die Waggons wirklich gebraucht werden. So zum Beispiel tragen die Transporte in das Vernichtungslager Treblinka in den Fahrplanordnungen die Bezeichnungen: Umsiedlersonderzug, Sonderzug mit Arbeitern, Pj-Sonderzug, Sonderzug mit Umsiedlern oder DA-Züge.

Die Generaldirektion der Ostbahn in Krakau teilt in ihrer Fahrplananordnung Nr. 243 mit, daß der Bahnhof Treblinka vom 1. September 1942 an bis auf weiteres für den öffentlichen Personenverkehr gesperrt wird, um »die reibungslose Abfertigung der Umsiedlerzüge zu ermöglichen«. Auf dem Bahnhof Treblinka aber läßt man nach einem zynischen Einfall des Lagerkommandanten Kurt Franz eine moderne Scheinstation mit allen möglichen Einrichtungen bauen. Es gibt dort sogar gedruckte Fahrpläne für Züge von und nach Grodno, Suwalki, Wien und Berlin. Als der Name Treblinka berüchtigt wird, erhält der Scheinbahnhof ein riesiges Schild mit der Aufschrift: »OBERMAJDANEK«.

Die Dokumente beweisen auch, daß trotz allem versucht wird, diese Transporte zu behindern. Schon bei den Polenaussiedlungen heißt es in Berichten der Sicherheitspolizei, das Personal der Reichsbahn zeige verschiedentlich mangelndes Interesse, zum Teil sogar Widersetzlichkeit. Jedoch erfüllt die Eisenbahn die an sie gestellten Forderungen. Es ist das Ergebnis vertrauter Beziehungen auf hoher Ebene zwischen dem Apparat Himmlers und der Leitung der Reichsbahn.

Przemysl, September 1942: Eine Infanteriedivision auf dem Wege an die Ostfront

Herbst 1942: Kurze Rast zwischen Lemberg und Kiew

›Signore, Zigarette... prego‹: Auf dem Bahnhof von Fuscaldo, November 1942. Rechts im Hintergrund vierachsige italienische Personenwagen

Königsberg Hbf: Reiseziel für zwei deutsche Rotkreuz-Schwestern. Herbst 1942

98

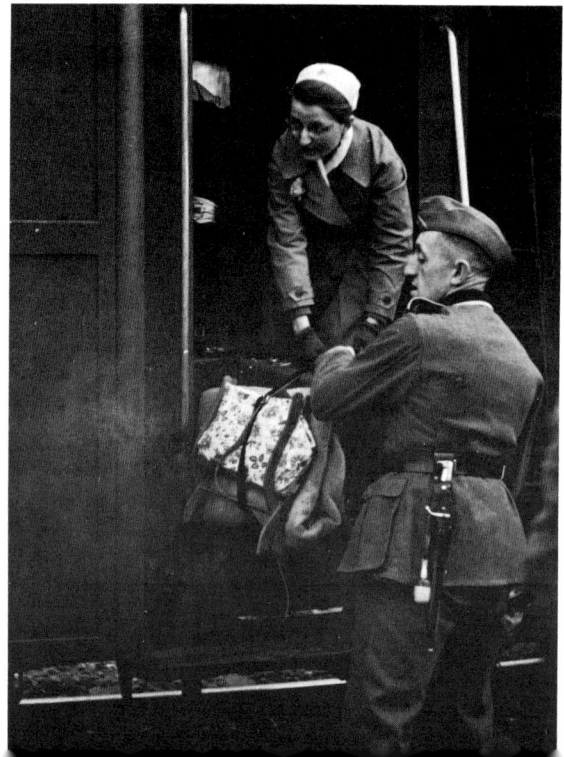

Der Urlauberzug hat gerade Dôle im französischen Jura erreicht. Herbst 1942

Kleine Erfrischung: Zugaufenthalt in Poltawa, Herbst 1942

Mütter und Kinder werden in nichtluftgefährdete Gebiete umquartiert

Im Aufnahmegau leben die Umquartierten sicher vor feindlichem Luftterror

In der Geborgenheit eines Lagers der Kinderlandverschickung

Die Deutsche Reichsbahn sorgt für die Beförderung Hunderttausender aus luftgefährdeten Gebieten in die Aufnahmegaue. Denke daran: Reise nur, wenn es dem Siege dient!

Ob kurz die Reise oder weit – Bleibt, wo Ihr wohlgeborgen seid: REIST NICHT!

Die Deutsche Reichsbahn dient der Kriegführung! Wichtiger als deine Reise ist der Transport
von Rohstoffen für die Rüstungsindustrie
von Lebensmitteln für die Heimat
von Waffen für die Front

Fronturlauber kommen nach Hause

Panzer rollen zur Front

Kartoffelverladung zur Versorgung der städt. Bevölkerung

Kohlenzufuhr für die Rüstung

Herbst 1942: ›Reise nur, wenn es dem Siege dient!‹

Kurz nach Sonnenaufgang: Auf der weiten Strecke zwischen Smolensk und Baranowitschi in einem Behelfs-Personenwagen der ›Holzklasse‹, Herbst 1942

Polozk, Herbst 1942: Der gemischte Truppentransportzug ist endlich eingetroffen

Auf einem kleinen Bahnhof bei Beauvais, Herbst 1942: der zweiachsige Güterwagen der DR, Gattungsbezirk Stettin, wird mit französischer Beutemunition beladen

101

Unterwegs zwischen Stuttgart und Bordeaux, Herbst 1942

Man wird nachdenklich: Auf der Fahrt von Frankreich zur Ostfront. Herbst 1942

Als man noch viel ▶ Zeit hatte: Torbogen des Feldeisenbahn-Kommandos (FEK-do) 4, Strecke Pleskau–Luga, Herbst 1942

Zum Frühstück drei Spiegeleier: Morgens im improvisierten Bautrupp-Wohnwagen bei Wilna, Herbst 1942

Plauderstunde im Speisewagen auf der Strecke zwischen Paris und Cherbourg, 1942: Oberbefehlshaber West, Generalfeldmarschall von Rundstedt, genießt seine Zigarre

Auf dem Seitengang eines SNCF-Wagens 1. Klasse im Sonderzug des Generalfeldmarschalls von Rundstedt, Frankreich 1942

Schlafwagen des SNCF-Sonderzugs für den OB West, Herbst 1942: Als Telefonzentrale zweckentfremdet

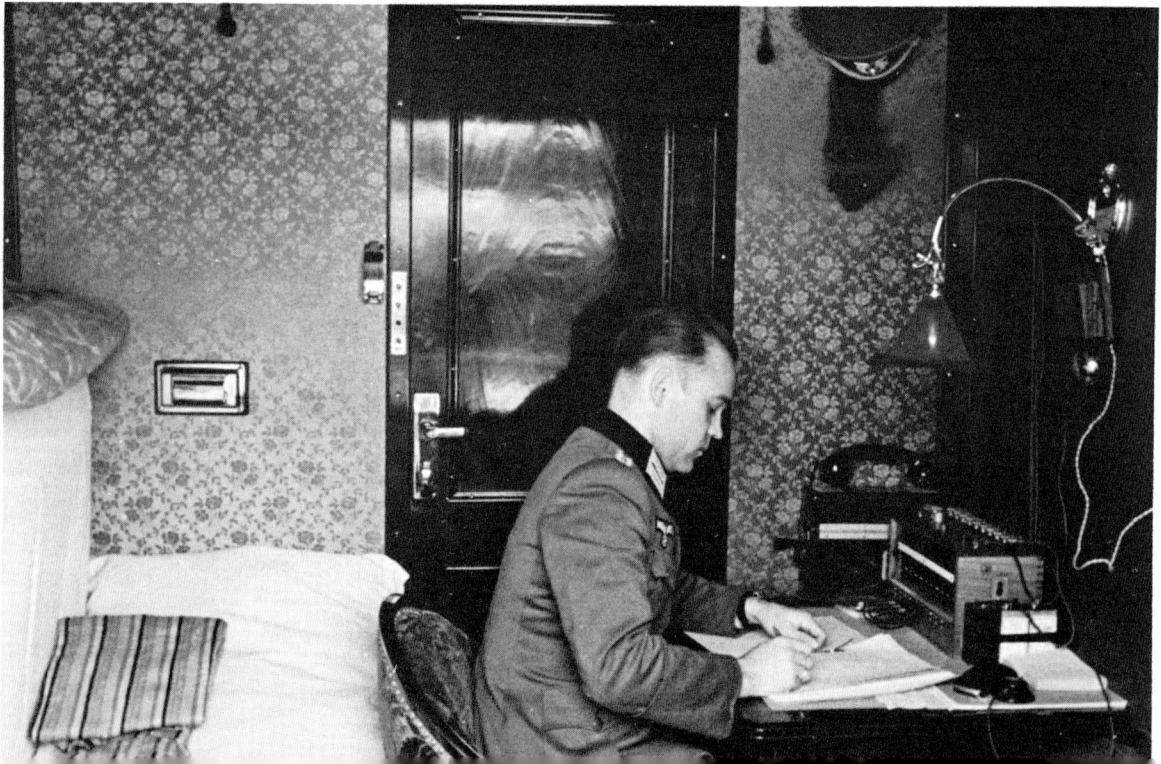

103

Zum Frühstück drei Spiegeleier: Morgens im improvisierten Bautrupp-Wohnwagen bei Wilna, Herbst 1942

Plauderstunde im Speisewagen auf der Strecke zwischen Paris und Cherbourg, 1942: Oberbefehlshaber West, Generalfeldmarschall von Rundstedt, genießt seine Zigarre

Auf dem Seitengang eines SNCF-Wagens 1. Klasse im Sonderzug des Generalfeldmarschalls von Rundstedt, Frankreich 1942

Schlafwagen des SNCF-Sonderzugs für den OB West, Herbst 1942: Als Telefonzentrale zweckentfremdet

In einem Nebengleis bei Cherbourg, Herbst 1942: von Rundstedt verläßt seinen Sonderzug

Herbst 1942: Festlicher Empfang auf einem Pariser Bahnhof

Räder müssen rollen für den Sieg!

Auf jeden Güterwagen kommt es an für den kriegswichtigen Einsatz in Front und Heimat! Jeder muß mithelfen, um den Güterwagenumlauf zu beschleunigen, Wagenraum zu sparen und Wagenstillstand zu vermeiden!

10 wichtige Regeln für den Verfrachter:

1 Entlaste die Deutsche Reichsbahn von allen entbehrlichen Transporten! Verfrachte mehr als bisher auf dem Wasserweg!

2 Bestelle Güterwagen rechtzeitig und nur dann, wenn die Gütermenge den Wagenraum restlos ausfüllt. Es ist heute verantwortungslos, mehr Wagen zu bestellen, als unumgänglich nötig sind!

3 Fülle Frachtbriefe und die sonstigen Begleitpapiere sorgfältig und vollständig aus — übergib sie sogleich nach beendeter Beladung dem Annahmebeamten! So werden Verzögerungen und Irrläufe verhindert!

4 Gib den Bestimmungsbahnhof im Frachtbrief tarifmäßig richtig an — bezeichne im Frachtbrief auch gleich etwa gewünschte besondere Entladestellen!

5 Benutze alle nur erdenklichen Hilfsmittel zur vollkommenen Ausnutzung des Wagenraumes! Oft helfen Einbauten. Bei offenen Wagen erhöht das Aufborden der Wagenwände das Fassungsvermögen für leichte Güter.

6 Belade Reichsbahngüterwagen im Inlandsverkehr bis zu 2000 kg über die angeschriebene Tragfähigkeit hinaus, im Verkehr mit den besetzten Gebieten und einigen Nachbarstaaten (Auskunft erteilen die Güterabfertigungen)

bis 1000 kg über die Tragfähigkeit, belgische und französische Wagen im Inlandsverkehr mit 1000 kg über die Tragfähigkeit!

7 Verhüte Wagenschäden durch Innehalten der Lademaße und ordnungsgemäße, betriebssichere Verladung! Kein Güterwagen darf heute durch vermeidbare Ausbesserungsarbeiten dem Verkehr entzogen werden!

8 Bereite alle Ladearbeiten so vor, daß mit der Be- und Entladung s o f o r t nach Bereitstellung der Güterwagen begonnen werden kann. Setze a l l e Hilfskräfte und a l l e technischen Hilfsmittel hierfür ein!

9 Während der Ladearbeiten darf es heute keine Pause geben. Ladearbeiten dürfen Tag und Nacht, wochentags, sonn- und feiertags nicht ruhen, solange noch ein Wagen zu be- oder entladen ist. Überschreitung von Ladefristen darf es nicht mehr geben! Auf jede Stunde kommt es an!

10 Der Güterwagen ist kein Lagerraum! Güterwagen müssen rollen! Tu als Verfrachter alles, um Wagenstillstand zu vermeiden! Verzögerte Entladung hat Zwangsentladung, Zwangszufuhr, unter Umständen Strafen zur Folge!

Die Front erwartet, daß die Heimat ihr den notwendigen Nachschub liefert. Hierzu wird jeder Güterwagen gebraucht.

Tu' auch Du Deine Pflicht! Sorge für beste Ausnutzung der Güterwagen und vermeide jeden unnötigen Wagenstillstand!

GEBR.FEYL ⊕ BERLIN SW

8

Um eine Minute schneller
»Vor zwei Jahren, im März 1940, wurde das Kohlenabkommen zwischen Deutschland und Italien unterzeichnet. Als das Abkommen getroffen wurde, rechnete ein englischer Journalist aus, daß alle 20 Minuten ein Kohlenzug über die Grenze nach Italien rollen müßte. Die Rechnung stimmte jedoch nicht ganz: Alle 19 Minuten wäre die richtige und genaue Zahl gewesen.«
Vereinszeitung, März 1942

Der Sturz Mussolinis Ende 1943 und die Kapitulation erfordern eine Besetzung der noch im Bereich der Wehrmacht liegenden Eisenbahnen Italiens. In Verona wird die WVD Italien etabliert, die Betriebsführung bleibt bei den Italienischen Staatsbahnen (FS). Und die frühere Generalvertretung der Reichsbahn in Rom wird in »Bahnbevollmächtigter der Reichsbahn« umbenannt. Die WVD ist ähnlich einem Feldeisenbahnkommando gegliedert und verfügt über eigenes Personal, lediglich die rein militä-

rischen Dienstposten sind mit feldgrauen Führungskräften besetzt.
Italiens Frontwechsel und der Rückzug der deutschen Truppen bedeuten eine weitere Belastung des gesamten Transport- und Verkehrswesens. Für diese Fragen wird der General des Transportwesens in Italien bei der Heeresgruppe eingesetzt. Ihm untersteht eine Außenstelle in Florenz, die die Transportdienststellen Rom, Ancona, zum Schluß auch Genua, Mailand und Turin umfaßt. Der Außenstelle Florenz sind die Frontgebiete bis Monte Cassino, Nettuno am Mittelmeer und Pescara an der Adria unterstellt. Sie überwacht und betreibt ein Netz von etwa 4500 km Bahnlinien. Jedoch kann wegen alliierter Luftangriffe meist nur die Hälfte von ihnen betriebsfähig gehalten werden. Brücken, Tunnels, Bahnhöfe, freie Strecken und elektrische Oberleitungen werden häufig zerstört. Gerade die elektrischen Leitungen sind aber für den Bahnverkehr besonders wichtig, weil die Steilstrecken des Gebirges mit den vielen langen Tunnels nicht mit Dampfloks bewältigt werden können.
Als die Alliierten während des Winters 1943/44 langsam über den italienischen Stiefel nach Norden vormarschieren, beginnt sich der deutsche Widerstand zu versteifen, und der Nach-

◄ ›Jeder Güterwagen wird gebraucht‹: Plakat der DR aus dem Jahre 1942 schubbedarf der deutschen Wehrmacht für die Durchführung ihrer Operationen steigt nach Schätzungen auf 3000 Tonnen täglich an.

Alle Luftangriffe konzentrieren sich auf die Unterbrechung der Schienenstränge und die Verhinderung ihres Wiederaufbaues. Sie zwingen die deutsche Armee, auf den Straßentransport und die Küstenschiffahrt auszuweichen, was auf Kosten der deutschen Treibstoffreserven geht. Brücken, Tunnels, Bahnbetriebswerke und Rangierbahnhöfe sind nun die wichtigsten Einsatzziele einer großen alliierten Luftoffensive. So wird das Verkehrsnetz mit seinen fahrenden Zügen zum lohnenden Objekt für die Jabos.

Züge mit Wehrmachtstransporten sind zur Abwehr von Tieffliegern mit leichter Flak ausgerüstet. Auf elektrifizierten Strecken können die Geschütze jedoch nicht eingesetzt werden, ohne die Fahrleitung zu zerstören. Aus diesem Grunde ist an die Konstruktion eines optisch-elektrischen Feuerleitgerätes gedacht, das den Abschuß sperrt, sobald Teile der Oberleitung in die Schußlinie kommen, doch es bleibt nur ein Wunsch.

Der Reichsforschungsrat hat die Idee, Tieffliegerangriffe auf Loks durch Splittergeschosse abzuwehren. Sie sollen an den Loks befestigt und mit einem selbsttätigen akustischen Auslöser versehen werden. Schon freut man sich auf die böse Überraschung für die Tieffliegerangesichts einer feuerspeienden Lok, aber auch dieses Projekt bleibt nur auf dem Papier.

Empfindliche Lebensmittel
»Vielfach können Expreßgutsendungen mit Lebensmitteln, die an Wehrmachtsangehörige in der Garnison gerichtet sind, nicht abgeliefert werden, weil der Empfänger inzwischen zum Fronteinsatz gekommen ist.

Wenn auch solche Sendungen, soweit sie das Gewicht von 5 kg nicht überschreiten, unverzüglich an den Absender zurückgesandt werden, so ist doch in vielen Fällen zu befürchten, daß empfindliche Lebensmittel während der Rückbeförderung verderben. Über solche Lebensmittel wird daher, wenn keine anderweitige Anweisung des Absenders vorliegt, im Einvernehmen mit dem zuständigen Ernährungsamt weiterverfügt. Es besteht aber die Möglichkeit, unanbringliche Lebensmittelsendungen kostenlos einem Lazarett oder einem Wehrmachtskrankenhaus zuzuführen, wenn der Absender sein Einverständnis damit auf der Expreßgutkarte erklärt hat. Die Reichsbahn bittet, von dieser Möglichkeit möglichst weitgehend Gebrauch zu machen.«
DNB, April 1943

Der Schutz der Bahnen in den besetzten Ostgebieten obliegt der Wehrmacht und wird von den Wehrmachtstransportdienststellen organisiert. Er beschränkt sich im wesentlichen auf wichtige Bahnhöfe und große Brückenbauwerke. Daher richten sich die Angriffe der Partisanen hauptsächlich auf die Gleisanlagen der freien Strecken. Zur Bewachung der Strecken und wichtiger Objekte setzt man überwiegend deutsche Landschützeneinheiten, Soldaten aus den verbündeten Ländern und auch einheimische Hilfswillige (Hiwis) ein. Doch dieser Schutz reicht bei weitem nicht aus. Die Hilfstruppen sind äußerst unzuverlässig. So laufen am 17. August 1943 einheimische Hiwis – etwa 600 Mann – fast geschlossen mit allen Waffen zu den Partisanen über.

Südlich von Minsk, an der Strecke Minsk – Ossipowitschi – Gomel, werden immer wieder einsam gelegene Bahnwärterposten am hellen

Tage von Partisanen überfallen. Sie müssen Gleisbaugeräte wie Schienennägelklauen, Schraubenschlüssel und dergleichen ausliefern, mit denen die Partisanen dann an irgendeiner Stelle die Gleise aufreißen. Der zu weiträumig verteilte und viel zu schwache Streckenschutz wird oft während der Tätigkeit von Verminungs- und Sprengabteilungen der Partisanen auf Bahnhöfen und in Wehrmachtsstützpunkten eingeschlossen und mühelos niedergehalten.

Gegenmaßnahmen zur Ausschaltung dieser Störungen erweisen sich meistens als Notlösungen. So werden beispielsweise zur Sicherung der nur kurzen, aber wichtigen Eisenbahnlinie Shlobin – Gomel, die dauernden Partisanenangriffen ausgesetzt ist, ankommende Transporte auf der Strecke entladen und zu deren Schutz Soldaten – je fünf Meter ein Mann – eingesetzt. Trotzdem erfolgen weitere Sprengungen!

Um wenigstens ein Gleis wieder befahrbar zu machen, werden nicht nur Überholungsgleise, sondern auch Schienen des zweiten Hauptgleises aus- und in das am schnellsten zu flickende Gleis eingebaut. Beschädigte Wagen werden vom Gleis gekippt. Man leitet vor allem Truppen- und Munitionszüge unter Inkaufnahme längerer Fahrzeiten über Strecken um, die Sabotageakten noch nicht oder nur selten ausgesetzt sind. Bei längeren Sperrungen läuft der Betrieb oft nur noch eingleisig. Sind beide Gleise blockiert, werden die Züge auf den Bahnhöfen gesammelt und hinter die Unfallstelle geschleust, sobald eines der Gleise wieder befahrbar ist. Bei Streckenerkundungen, die Offiziere des Transportwesens oder Eisenbahnpioniere durchführen, hat sich das Langsamflugzeug »Fieseler Storch« der Luftwaffe bewährt.

Die materiellen Verluste, vor allem an Schwellen, Schienen, Lokomotiven und Wagen, treffen die DRB empfindlich. Durch einen Anschlag mit Magnetminen werden im Juli 1943 auf einem Bahnhof zwischen Minsk und Gomel ein Treibstoffzug, zwei Munitionszüge und ein Zug mit den modernsten deutschen Panzern vom Typ »Tiger« vernichtet. Besonders katastrophal ist der Ausfall an Lokomotiven: Im September 1943 werden in der gesamten GVD Osten 649 Lokomotiven beschädigt, davon 357 so schwer, daß sie zur Reparatur nach Deutschland gebracht werden müssen.

Wenn der allgemeine Betrieb auf der Strecke nachläßt, treffen Aufräumzüge mit Gleiskränen ein, um die entgleisten, noch intakten Wagen wieder auf die Schienen zu heben. Einen der beiden besonders starken 90-Tonnen-Kräne der Deutschen Reichsbahn erhält der Bezirk Minsk. Ungenügend geschützt, wird er selbst Opfer eines Sprengstoffanschlags.

Großes Bedürfnis nach Lesestoff und Wandschmuck

»Bei den in die besetzten Gebiete abgeordneten Berufskameraden der Deutschen Reichsbahn besteht ein großes Bedürfnis nach Lesestoff, Bildern und Wandschmuck für die Dienst-, Wohn- und Gemeinschaftsräume. Die von der Reichsbahn beschafften Wanderbüchereien und Bilder konnten das Bedürfnis nur zum Teil befriedigen. Besonders die Berufskameraden auf den kleinen Dienststellen und auf den Dienstposten, die von der versorgenden Zentralstelle weit entfernt liegen, konnten bisher nur mangelhaft versorgt werden. Gerade diese Stellen bedürfen jedoch besonderer Betreuung.

Der Reichsverkehrsminister ruft deshalb die Berufskameraden auf, mitzuhelfen, die Le-

bens- und Arbeitsverhältnisse der Berufskameraden im Osten durch Abgabe von Büchern und Bildern zu verbessern. Die Sammlung wird vom Reichsbahn-Kameradschaftswerk durchgeführt.«
NSBZ-Voraus, 3/4, 1943

Einsame Bahnhöfe und Blockstellen hat man inzwischen durch Hindernisse, Palisaden und Verteidigungsanlagen gesichert. Selbst die kleineren Wasserdurchlaßstellen werden in schwer bewaffnete Forts umgebaut. An Strekken, die durch Waldgebiete führen, holzen deutsche Pioniere bis zu teilweise 200 Meter Breite die Bäume ab. Wer diese zu Sperrzonen erklärten Streifen betritt, muß damit rechnen, daß sofort geschossen wird. Die Hilfszüge mit den Bautrupps haben jetzt militärischen Begleitschutz, Kommandos in Stärken von 15 bis 30 Mann in kugelsicheren Fahrzeugen – auch »Berta-Wagen« genannt. Wenn möglich, fahren mehrere Züge mit einer Geschwindigkeit von 20 Stundenkilometern im Geleit, um zu verhindern, daß die Partisanen inzwischen neue Minen anbringen. Am Tage verkehren Einzelzüge mit einer Höchstgeschwindigkeit von 40, nachts sogar nur mit 25 Stundenkilometern. Auf nicht so stark befahrenen Strecken wird nachts der Verkehr generell eingestellt. Die Züge müssen dann auf dem letzten vor Einbruch der Dunkelheit erreichten Bahnhof bis Tagesanbruch stehenbleiben. Der erste Zug darf nicht schneller als 25 km/h fahren, nachdem die Strecke entweder von Wehrmachtsstreifen oder geschulten Eisenbahnern nach Minen abgesucht worden ist. Aber die Partisanen, die zu Tausenden entlang der Strecken in ihren Schlupfwinkeln lauern, ändern jetzt die Taktik und verüben ihre Anschläge immer häufiger am Tage. Damit bei der Auslösung von Mi

nen wenigstens die Lokomotiven nicht beschädigt werden, spannt man zwei offene Güterwagen vor. Auch bei Tage darf kein Zug mehr ohne einen Spitzenschutzwagen fahren und 40 km/h nicht überschreiten. Und Transportzüge müssen die mit Personen besetzten Wagen an den Schluß hängen. Urlauber- und Reisezüge erhalten zusätzlich noch einen Schutzwagen hinter der Lok.
»Die Ostbahn ist eine der Lebensadern des deutschen Sieges«, sagt Generalgouverneur Frank am 25. Mai 1943. Frank führt in seinem Tagebuch einen Bericht des Leiters der Hauptabteilung Eisenbahnen im Generalgouvernement, Gerteis, an, der die Transportlage folgendermaßen einschätzt:
»Die Zahl der Sprengungen, der Überfälle auf Stationen und Eisenbahnanlagen sei vom Februar bis zum Mai d.J. im stetigen Ansteigen. Zur Zeit rechne man durchschnittlich mit 10 oder 11 Überfällen am Tag. Manche Strecken könne man nur noch mit Geleit am Tage befahren, wie z.B. die Strecke Luckow – Lublin. Eine andere Strecke, Zawada – Rawa – Ruska, könne überhaupt nur noch tage- und stundenweise befahren werden und sei sonst außer Betrieb.«
Der Baudienst des Generalgouvernements, der sogar im Distrikt Krakau junge Polen zwangsweise rekrutiert hat, stellt sie der Ostbahn für dringende Arbeiten an den Strecken zur Verfügung, ähnlich wie die Organisation Todt oder der Reichsarbeitsdienst (RAD) im Reichsgebiet.
Der damals neunzehnjährige Schlosser *Aljosza Nikolaijewicz Prokopjenke* aus der Lokomotivreparaturwerkstatt von Poltawa wird Partisan. Er berichtet:
»Da wir für die Sprengung einer wichtigen Eisenbahnlinie den ungefähren Fahrplan kennen mußten und es nicht immer möglich war, ihn

von unseren Verbindungsleuten in der Stadt zu erfahren, mußten wir uns selbst zu helfen wissen. Übrigens hat man uns die Beobachtung vorbeifahrender Züge immer wieder befohlen, was allerdings nicht so einfach war. Ist nämlich einer von uns in der sogenannten ›Sperrzone‹ geschnappt worden, so konnte man von Glück reden, wenn er gleich erschossen wurde – es konnte ihm aber auch passieren, daß ihm vorher noch ein qualvolles Verhör bereitet wurde. So suchten wir uns immer ein passendes Versteck als Beobachtungsstelle. Am sichersten war ein besonders dicker Baumstumpf samt Wurzeln, der vorsichtig von unten her ausgehöhlt wurde, und in den wir ringsum kleine Schlitze stachen. Dann schleppten wir ihn während der Nacht an unsere Beobachtungsstelle und gruben ein tiefes rundes Loch, in dem wir eine kleine Sitzbank unterbrachten. Danach zwängte sich der Beobachter mit seinem Proviantsack voll Brot, Speck und mit einigen Flaschen Wasser hinein, und der ausgehöhlte Baumstumpf wurde über ihn gestülpt. So konnte er einige Tage lang unbehelligt seine Beobachtungen durchführen.

Nachdem wir auf diese Weise wußten, wann die Züge durchkamen, konnten genaue Pläne zum Auslegen der Minen gemacht werden.

Bevor wir den Minenleger losschickten, mußten Farbe und Art des Bodens an Ort und Stelle erkundet werden; ein Säckchen Erde in gleicher Farbe, entsprechend feucht oder trocken, wurde besorgt – außerdem eine Flasche Wasser, und, wenn nötig, eine Harke. Den zum Eingraben der Mine benutzten Spaten fertigten wir aus Holz, damit es leiser ging. Der Minenleger mußte, nachdem er die Mine eingebuddelt hatte, den Boden wieder so herrichten, wie er vorher war, die mitgebrachte Erde entsprechend verteilen, glattstreichen oder harken und durch

Anfeuchten mit dem Erdreich rundherum verbinden.

Allerdings wurde das Auslegen der Minen mit der Zeit immer problematischer. Die Erde entlang der Schienen war von den Deutschen entweder ganz glatt gewalzt oder in Mustern geharkt. Außerdem wurden Suchlichter aufgestellt, und so konnten die Kameraden der Sprengabteilung nur an die Schienen heranrollen, sie konnten nicht einmal robben. Es ist klar, daß sie dadurch unweigerlich breite Spuren hinterließen, die sie restlos beseitigen mußten. Allein das Herankommen an die Schienen und das Verlassen des Platzes ohne jede Spur war, abgesehen vom Minenlegen selbst, eine Spezialaufgabe, die das Letzte von den Männern erforderte.

Und dann kamen die Deutschen dahinter, daß unsere Minen, die wegen ihrer Holzverpackung mit Minensuchgeräten ja nicht zu finden waren, Trinitrotuol (TOL) enthielten. Sie richteten ihre Spürhunde auf den Geruch von TOL ab und hatten anfangs große Erfolge damit. Wir hatten auch bald ein Gegenmittel: Die Öffnungen der Minen wurden mit zerriebenem Machorka oder Schnupftabak zugestopft. Doch reicht der Machorka-Geruch leider oft nicht aus, und wir kamen schließlich auf die richtige Lösung: In immer wechselndem Abstand von der Mine entfernt, vergruben wir mehrere winzige Stücke TOL. Das half. Die Hunde waren vollkommen durcheinander – sie schnüffelten und kläfften wie wild, rannten mal hierhin, mal dorthin, wühlten die Erde auf – und fanden nichts.

Bei der Sprengung von Eisenbahnlinien mußten wir immer darauf achten, daß der dafür gewählte Platz so weit wie möglich vom nächsten Bahnhof oder der nächsten deutschen Garnison entfernt lag. In der Morgendämmerung zogen wir dann zu unserer Ausgangsstellung an der Eisenbahnlinie. Als erstes schnitten wir die Telefon- und Telegrafendrähte durch. Ein Teil der Abteilung, die besten Schützen, versteckte sich im Busch gegenüber der Stelle, wo vermutlich die Mitte des entgleisten Zuges liegen würde – etwa 100 bis 150 Schritte von der Minenladung entfernt. Andere Kameraden lauerten mit Maschinengewehren zu beiden Seiten des Bahndammes gegenüber der verminten Stelle, so daß sie den ganzen Abschnitt unter Feuer nehmen konnten. Zwei kleine Gruppen – etwa 10 bis 15 Kameraden – gingen um einen halben Kilometer nach vorn und nach hinten, wo sie Fallen bereitlegten, die die zu Hilfe gerufenen Deutschen stoppen würden. Dann mußten wir geduldig warten. Das Schlimmste waren in solchen Stunden die Mücken, die in Nase, Mund und Augen drangen. Keine Minute lang konnte man es aushalten. Selbst Teer, das altbewährte Mittel, mit dem wir uns die Gesichter und Hände eingerieben hatten, half nicht mehr. Die Mücken schienen sich auf die Dauer daran gewöhnt zu haben. Inzwischen mußte ich mich mit meinen zwei Minenlegern am Bahndamm emporschleichen, zur nächstliegenden Schienen-Nahtstelle hin, und darunter die Mine anbringen. Oft habe ich es erlebt, daß unser Wachtposten gerade in dem Augenblick, wenn wir anfangen wollten, meldete, daß deutsche Streckenläufer kämen. Wir schlichen dann schleunigst zurück in die Büsche und ließen sie unbemerkt an uns vorbeilaufen, damit sie nicht auf unsere Arbeit aufmerksam würden.

Wenn natürlich die Mine schon gelegt war, blieb uns meistens nichts anderes übrig, als die Streckenläufertrupps schnell zu liquidieren und, ohne auf den Zug zu warten, die Schienen zu sprengen und zu verschwinden.

Als wir schon mehr Erfahrung gesammelt hatten, bauten wir dann auch ganz spezielle Mi-

nen, die nicht nur auf den Druck der Lokomotiven oder Waggons reagierten, sondern auch einen sogenannten Zugzünder hatten, der bei der Entschärfung explodierte. Eine einmal angebrachte solche Mine konnte selbst der Teufel nicht mehr wegräumen.«

Die Forschungsabteilung der Reichsbahnversuchsanstalt in München entwickelte zur Bewachung der Strecken sogar eine automatische Alarmanlage. Stolperdrähte sollen unsichtbar entlang der Eisenbahnlinien gezogen werden. Sie sind mit elektrischen Klingelanlagen verbunden und haben leicht lösbare Brechkupplungen. Wird der Draht unterbrochen, schaltet sich die Alarmvorrichtung ein, und man weiß sofort, an welcher Stelle gerade die Partisanen zu suchen sind. Aber noch ehe die Drähte verlegt sind, bekommen die Partisanen Wind davon. Am nächsten Morgen sind die Alarmanlagen verschwunden, und anstelle der Bahnstrecken sichern sie jetzt die Schlupfwinkel der Partisanen.

Eine andere Konstruktion der Forschungsabteilung ist die Gleisüberwachungsanlage »Güwa«. Es handelt sich um eine elektrische Meßeinrichtung, die auf Blockstellen eingebaut ist und durch Stromstöße ermittelt, ob sich die Gleise im Bereich der Blockstelle in Ordnung befinden. Sind Sprengungen erfolgt oder auch nur die Laschen abgeschraubt, so zeigt die Signalvorrichtung dies sofort an, und die gefährdeten Züge können rechtzeitig angehalten werden.

Um die ausgelegten Minen zur Explosion zu bringen, noch bevor sie durch einen Zug selbst gesprengt werden, entwickelt man das Sonder-Räumungsfahrzeug »Rema«. Der führerlose Motorwagen wird auf der Ausgangsstation von einem Fahrer in Gang gesetzt, der rechtzeitig abspringt und auf der Lok des nachfolgenden Zuges mitfährt. Ist die Bahnstrecke minenfrei, wird das Fahrzeug auf dem nächsten Bahnhof durch ein besonderes Anhaltegestell automatisch gestoppt. Die »Rema« rollt üblicherweise einige hundert Meter vor dem abzuschirmenden Zug. Ihre Konstruktion ist ein einfacher Motorwagen, der an einer zwanzig Meter langen Druckstange einen zwei Tonnen schweren Zündwagen vor sich herschiebt.

Der Zündwagen ist aus Schrottteilen gebaut, und auf die Radreifen sind Raupen aufgeschweißt, die während der Fahrt starke Schwingungen erzeugen, um die Minen mit Erschütterungszündern zur Detonation zu bringen. Die einfachen Kontaktminen werden durch den Zündwagen selbst ausgelöst, der trotz des geringen Gewichts durch die Schläge der Schweißraupen auf die Schienen den Effekt einer Lok von 20 Tonnen Achsdruck erzielt. Die Stabminen wiederum werden durch einen Bügel ausgelöst. Gegen die von Partisanen durch Fernzündung explodierenden Minen hat man eine Einrichtung entwickelt, die Zuleitungskabel oder Schnüre rechtzeitig abreißt. Explodiert eine Mine, so löst »Rema« einen Bremsmechanismus aus, der es vor dem Sprengloch anhält und dem nachfolgenden Zug diese Gefahrenstelle durch Blinksignale anzeigt. Bald jedoch konstruieren die Partisanen ihre Minen derart um, daß sie durch den darüberfahrenden Zünd- und Motorwagen erst recht geschärft werden. Das »Rema« fährt nun unbehelligt über die Mine, und erst die nach zwei oder drei Minuten folgende Lok löst den Kontakt aus. Mit einem Zusatzgerät wird versucht, diesem neuen Problem Herr zu werden. Im Motorwagen wird ein Hochfrequenzsender untergebracht, der über eine Dipolantenne mit dem Zündwagen verbunden ist. Über die Antenne schließt sich unterhalb der Schiene ein elektromagnetisches Feld, das trotz des noch geöffneten Zündstromkreises der Mine einen Stromstoß im Glühzünder hervorruft. Es wäre für den Feind fast unmöglich gewesen, noch ein Gegenmittel zu finden. Doch kommt diese perfekte Einrichtung nicht mehr zum Einsatz. Am 6. Mai 1944 schließlich – fünf Jahre nach Kriegsbeginn –, als die deutsche Armee im Begriff steht, den Rückzug aus der Sowjetunion zu vollenden, gibt der deutsche Generalstab Ausbildungsvorschriften heraus, welche die Methoden der Partisanenbekämpfung enthalten. Doch schon einige Monate später, als die Truppe von den Richtlinien hätte Gebrauch machen können, kämpft die Wehrmacht nicht mehr auf sowjetischem Boden.

Das Ziel des Partisanenkrieges, die Eisenbahnen insgesamt lahmzulegen, wird dank der Gegenmaßnahmen nicht erreicht, wenn auch mehrtägige, sogar wochenlange Streckensperrungen keine Seltenheit sind. Die Partisanen haben aber den Wehrmachts- und Wirtschaftsverkehr erheblich behindert und allgemeine Unsicherheit in die rückwärtigen Linien gebracht. Durch die verzögerten Truppenbewegungen und die beeinträchtigte Frontversorgung ist den Eisenbahnen zeitweise der Charakter eines zuverlässigen Hilfsmittels der Kriegführung verlorengegangen.

Flüchtige Begegnung auf
dem Bahnhof von Tscher-
nowitz: Zwei Schwestern
des ungarischen Roten
Kreuzes in einem Perso-
nenwagen der Ungari-
schen Eisenbahn (MAV)
Spätherbst 1942

Ein Nickerchen während
der Fahrt zwischen Brüs-
sel und Paris, Dezember
1942: Im Schnellzugabteil
2. Klasse der ehemaligen
französischen Nordbahn

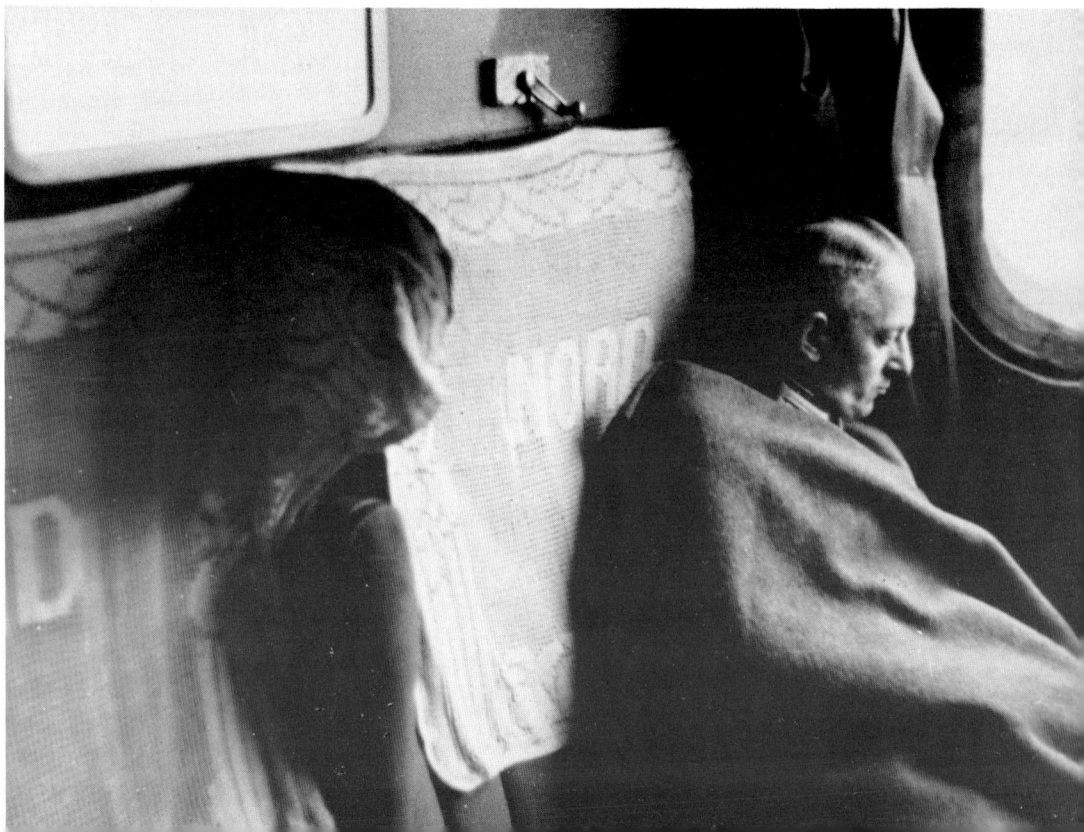

114

Die letzte Kontrolle auf dem Bahnhof: Ein Angehöriger der Kommandantur für Urlauberüberwachung tut seinen Dienst. Roslawl, November 1942

Rostock, Dezember 1942: Kurze Kaffeepause auf dem Weg zur Front

Herbst 1942: Von Partisanen gesprengter Munitionszug bei Smolensk

Vom OKH empfohlen: Modell einer Wasserdurchlaß-Sicherungsstelle an Strecken im Osten, 1942

116

Sicherung der Wasserdurchlassstelle

Malin, westlich von Kiew,
Dezember 1942: Eine Gü-
terzuglok, der Baureihe
55^{25} mit Frostschutzver-
kleidung um die Pumpe
und Fronttarnung steht
unter Dampf

Ostfront, Winter 1942/43:
Ein einsamer Posten
wacht über den Wehr-
machts-Transport

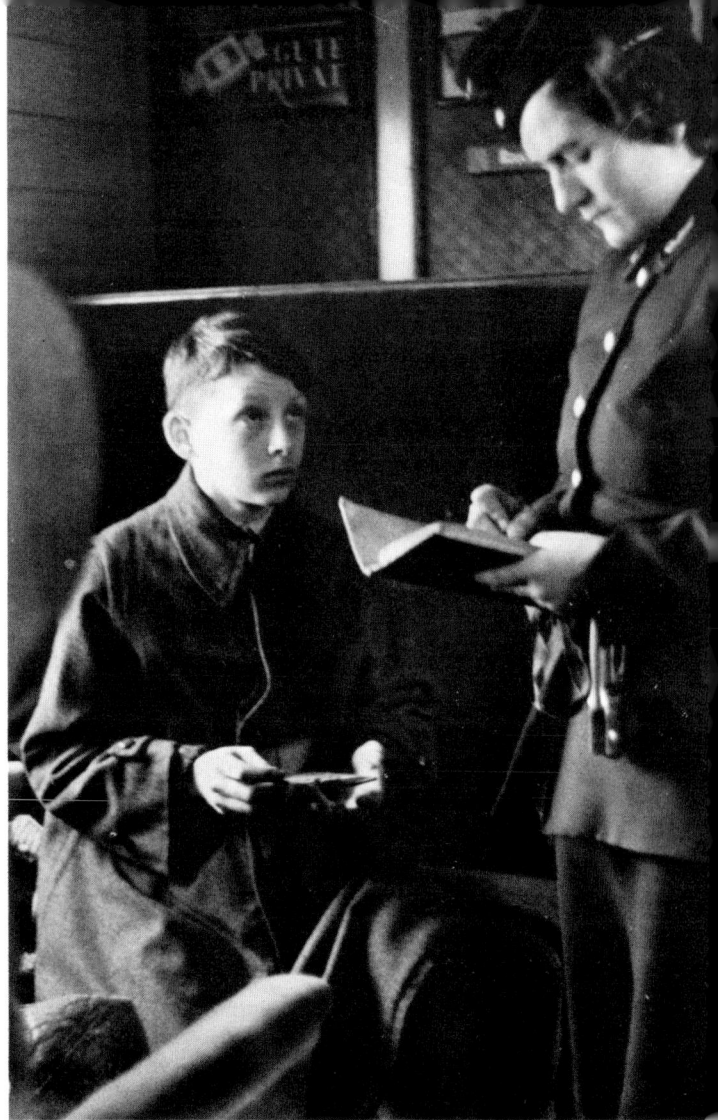

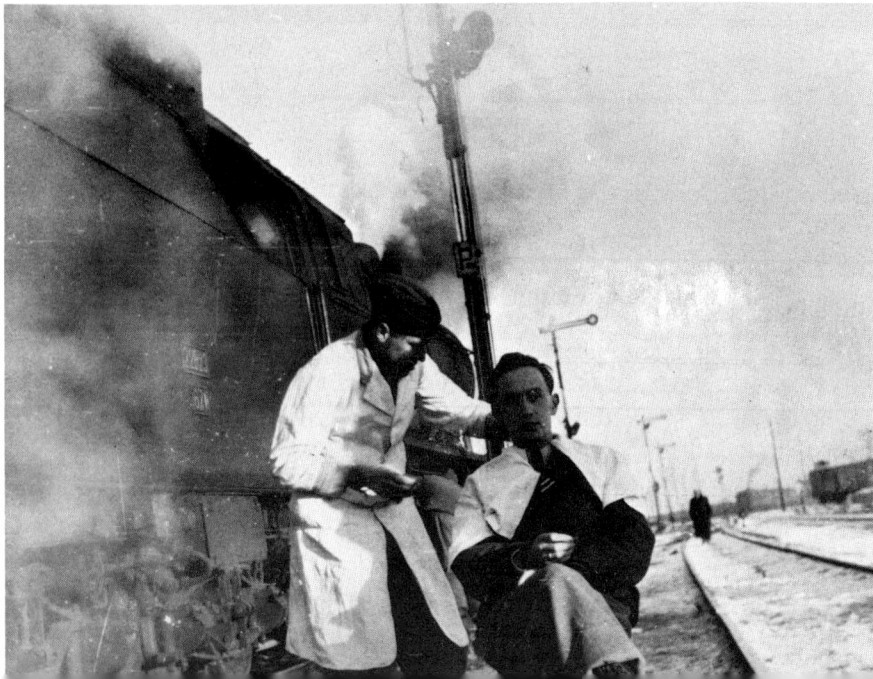

Oben, links: April 1943: Schaffnerin der
DR beim Aufstecken der Schluß-
scheiben

Rechts: April 1943: Fahrkartenkontrolle

Friseur-Salon unter freiem Himmel: Daneben eine polnische Lok der Baureihe
Ty 23 vor Radom, März 1943

118

Frühjahr 1943: DR-Loks der Baureihe 93⁵ mit weißem Verdunklungsanstrich auf dem Wasserkasten und den Puffern. Im Hintergrund ein deutsches Bahnbetriebswerk

Korosten, Mai 1943: Abschied von den Waffenkameraden. Der dreiachsige Abteilwagen steht im Dienst der DR-Ost

Warschauer Ghetto, März
1943: Auf dem Weg ins
Vernichtungslager

In der Nähe des Bahnhofs
Kiew, Mai 1943: Ein Land-
ser und zwei Bäuerinnen
werden schnell handels-
einig

120

5. Juli 1943, Bachmatsch:
Der Otto – so nannten die
Landser den Treibstoff –
ist da! Noch rechtzeitig am
Vorabend der Operation
›Zitadelle‹, des deutschen
Angriffs im Kursker Bo-
gen. Der Kesselwagen
zeigt die neu eingeführte
Abkürzung »DR«

Ein kurzer Aufenthalt in
Minsk, Juli 1943: Improvisierte Darbietung vor dem
recht skeptischen Pu-
blikum

Dienstanweisung

für die

Handhabung des Betriebsdienstes auf den belgischen

und französischen Eisenbahnen nach Einführung des

Notfahrplanes

„D A Not"

Nur für den Dienstgebrauch

Diese « D A Not » tritt auf besondere
Anordung der WVD Brüssel bzw Paris in Kraft

Druck : WVD-Brüssel

Reichsverkehrsdirektion Kiew

Verkehrsarchiv
beim Verkehrsmuseum Nürnberg

Vorläufige Bestimmungen

für das

Fahren auf Sicht

Gültig vom 1. Februar 1943 an

Deutsche Reichsbahn

Verkehrsarchiv
beim Verkehrsmuseum Nürnberg

Anleitung

zur

Verständigung mit dem
russischen Personal

Betriebsdienst

(Sprachanleitung)

Herausgegeben
im Auftrage des Reichsverkehrsministeriums, Zweigstelle Osten, von der Reichsbahndirektion Breslau

A 6 H 84 8 c 70 in 7 d Breslau XI 42 17.000 B 0049

122

---

				zu Nr. 583
Abgefertigt	nach			Fahrtnummer:
	über			

Nr. der Frachtkarte				Wehrmacht-Frachtbrief (1)

(Frachtberechnung und Abrechnung nachträglich zu den vereinbarten Sätzen)

Wagen (2)				Deutsche Wehrmacht
Gattung	Nummer	Eigentums-merkmal	Achsen-zahl	An

in

Straße und
Hausnummer

Bestimmungsbahnhof _____

Bei Sendungen nach dem Ausland auch Bestimmungsland _____

Etwaige Vorschrift über
Weiterbeförderung (5) _____

Andere Erklärungen (4) _____

Die Frachtkosten fallen dem Wehrmachthaushalt zur Last, daher Wehrmachttarif.

Dienst-
stempel
(3)

_____, den _____ 194__

(Wehrmachtstelle, Unterschrift, Dienstgrad)

Anschrift oder Zeichen und Nummer (6)	Anzahl	Art der Verpackung	Bezeichnung des Gutes	Wirklicher Ladegewicht kg

Absender: _____, den _____ 194__

Stempel des Versandbahnhofs	Wiegestempel	Stempel des Bestimmungs-bahnhofs

Anmerkungen (1) bis (6) siehe Rückseite.

August 1943, Cherbourg: Leberwurst für die Erbauer des ›Atlantik-Walls‹. Reichsarbeitsdienstmänner beim Entladen eines DR-Güterwagens des Gattungsbezirks Hannover

Von Shisdra nach München Hbf., 23. Juni 1943: Beklebezettel der DR für Wehrmachtsgut

123

Gironde, Juni 1943: Eine Gruppe RAD-Männer mit ihren Siebensachen. Links vierachsige Personenwagen der französischen Eisenbahn

Der Abschied: Zwei Nachrichtenhelferinnen, links ein beschlagnahmter Speisewagen der ISG in La Rochelle, Mai 1943

124

9

Kinder reisen in die Schweiz
»Auf Einladung der Generaldirektion der Schweizerischen Bundesbahnen konnten 100 Kinder von deutschen Reichseisenbahnern zu einem siebenwöchigen Aufenthalt in die Schweiz entsandt werden. Die Kinder haben die ersten vier Wochen ihres schweizerischen Aufenthaltes in Weißenburg, in dem idyllisch gelegenen Simmetal unweit Spiez, verbracht. Die restlichen drei Wochen verleben sie in dem malerisch gelegenen Beatenberg am Nordrande des Thuner Sees in 1200 m Höhe mit Sicht auf die gegenüberliegende gewaltige Alpenlandschaft, vor allem auf die Blümlis-Alp.«
DNB, Juli 1943

In Deutschland selbst ist die Betriebslage bis Sommer 1943 noch befriedigend, obwohl die Bombenangriffe immer mehr zunehmen. Im Frühjahr 1944 rückt die Zerstörung der Transportwege in der alliierten Luftkriegsstrategie an die vorderste Stelle, um einerseits die Invasion vorzubereiten, und andererseits die deutsche Kriegsindustrie lahmzulegen. Jedoch sind es weniger die Jabo-Angriffe auf Züge als vielmehr die Bombenteppiche auf Bahnhöfe und Eisenbahnknotenpunkte, die eine verheerende Wirkung zeigen.

Das Reisen wird zwar immer riskanter, aber die Menschen stellen sich darauf ein. Ertönen die Alarmsirenen, hissen die Bahnhöfe eine gelbe Warnfahne. Und die Züge versuchen, schnellstens aus dem Bereich der Bahnhöfe zu entkommen. Jeder Lokomotivführer muß das Gelände entlang der Bahnlinien kennen, um auf Waldstrecken oder in Tunnels Schutz zu suchen. Erstaunlicherweise gibt es jedoch keine amtlichen Verhaltensmaßregeln, nach denen sich Fahrgäste in solchen Fällen richten sollen. Die Reisenden, durch Erfahrungen belehrt, verlassen die Züge und verstecken sich in Waldstücken entlang der Bahn oder in Luftschutzgräben neben der Strecke. Werden die Gleise beschädigt, müssen sie mit ihren Siebensachen oft bis zum nächsten Bahnhof oder zu Ersatzzügen laufen. Auf den großen Bahnhöfen strömen bei Alarm nicht nur die Menschen von den Bahnsteigen, sondern auch von den benachbarten Straßen in die dortigen bombensicheren Luftschutzbunker. Ein geregelter Fahrkartenverkauf kann nach Luftangriffen oft tagelang nicht durchgeführt werden. Dagegen ist das Rote Kreuz mit Feldküchen schnell zur Stelle und verteilt warmes Essen an die Reisenden.
Im Jahre 1943 nimmt das Gedränge in den Personenzügen durch Verkürzung des Fahrplans

immer mehr zu. Außerdem verlassen Millionen von Menschen die von Bombenangriffen gefährdeten Städte, in Hamburg sind es allein 602 000 Personen. Trotz der Luftangriffe auf zahlreiche wichtige Eisenbahnknotenpunkte, wie Köln, Berlin, Hamburg, Hannover, Hamm, Kassel oder Mannheim-Ludwigshafen, gelingt es der DRB bis April 1945 aber immer wieder, den Personenverkehr einigermaßen in Gang zu bringen. Und die Bevölkerung läßt sich durch keine Gefahren und Strapazen vom Reisen abhalten.

Zur Überwindung der Schäden auf den Eisenbahnlinien kommt es zu einer »elastischen Betriebsführung«. Die örtlichen Stellen bekommen freie Hand, je nach Lage der Dinge das Vernünftigste und Notwendigste in eigener Regie durchzuführen. So arbeiten etwa in dem am schwersten betroffenen Hamm 9000 Arbeiter der OT ständig an der Schadensbeseitigung. Aber erst Mitte 1944, da Bauarbeiter vom Atlantikwall abgezogen werden, stehen den OT-Reparaturkolonnen genügend Arbeitskräfte zur Verfügung.

In den zahlreichen Dienstzweigen der Reichsbahn, vor allem im Betriebsdienst, erreicht die Zahl der eingestellten deutschen Frauen in den Jahren 1943 bis 1945 immerhin 182 000.

Trotz aller Anstrengungen drohen alliierte Luftangriffe, die festgefügte Organisation der Reichsbahn zu erschüttern. Bald blockieren mehr als 2000 Züge die Verkehrslinien, so daß sogar »Blitzsendungen«, mit der höchsten Dringlichkeitsstufe versehen, nicht mehr rechtzeitig ihre Bestimmungsorte erreichen können. Am 30. Mai 1944, etwa eine Woche vor der Invasion in der Normandie, ist das deutsche Eisenbahnnetz so schwer angeschlagen, daß selbst eine längere Angriffspause der Alliierten die Verkehrsmisere kaum beheben könnte.

Die Transporte sind jetzt nur noch stoßweise, von Bahnhof zu Bahnhof, von Bruchstelle zu Bruchstelle, möglich. Ganzenmüller und Speer setzen Nahverkehrsbeauftragte ein, die die Güterzüge durch die Verkehrswüste lotsen.

Die Tarnung

»Die Tarnung kriegswichtiger Industrie-, Verkehrs- und Versorgungsanlagen hat in der Luftkriegführung besondere Bedeutung. Ihre Aufgabe besteht darin, solche Anlagen der Feindeinwirkung aus der Luft möglichst weitgehend zu entziehen. Dies geschieht entweder durch unmittelbare Tarnung der zu schützenden Anlagen, wie Bahnbetriebswerke, Kraftwerke usw., oder durch Tarnung besonders charakteristischer Anlagen – Schienenstränge, Flußläufe, Kanäle, Straßen u. a. –, die infolge ihrer besonderen Lage oder Gestaltung im Raume der zu schützenden Anlagen den feindlichen Fliegern als Anflug- und Richtpunkte dienen können.«
Reichsbahn, 11/12, 1943

Alarm

Fliegerangriffe bedrohen vor allem größere Bahnhöfe.

Reisende, Ihr werdet rechtzeitig gewarnt! Wahrt Ruhe und Besonnenheit! Befolgt die Anordnungen der Beamten!

Verlaßt die Bahnhöfe auf kürzestem Wege und sucht den nächsten Sammelschutzraum auf! Züge nur auf Weisung verlassen!

Jeder Lichtschein zeigt dem Flieger sein Ziel. Wahrt Lichtdisziplin! Keine Taschenlampen!

»…wahrt Ruhe und Besonnenheit!« Herbst 1943

Links: Bau der Kriegslok, Reihe 52, im Februar 1943. Die Maschinen haben noch Barrenrahmen. Rechts: Beim Nieten der Stehbolzen eines Kessels

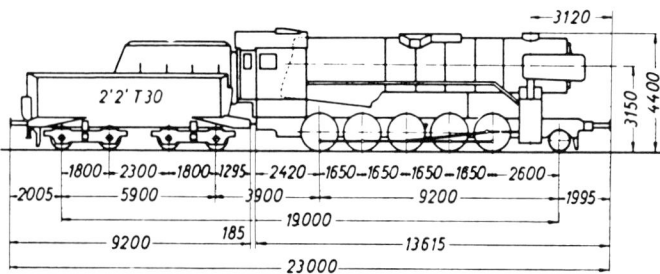

Einheitslokomotive, Baureihe 42

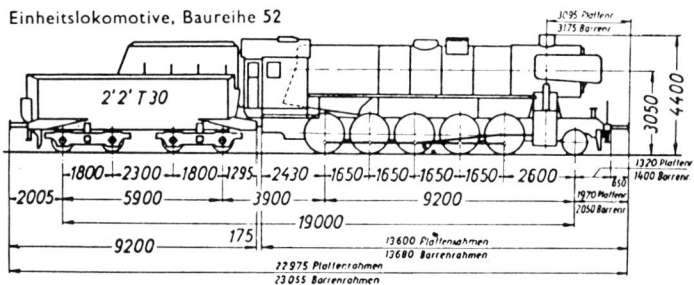

Einheitslokomotive, Baureihe 52

Aufachsen der 32. von 40 Loks, die Borsig im Februar 1943 baute

7. Juli 1943, Rangierbahnhof Seddin bei Berlin: Die insgesamt 51 Kriegsloks der Baureihe 52, höchste bis dahin erreichte Tagesleistung aller deutschen Lokfabriken, setzen sich gleichzeitig in Fahrt

Vor der großen Parade der Kriegsloks in Seddin bei Berlin, inszeniert für Presse und Wochenschau, 7. Juli 1943. Links Maschinen mit Wiener Steifrahmentender und erweitertem Frostschutz

Reichshauptstadt, Herbst 1943: Eine schwere Flak-Batterie sichert wichtige Bahnanlagen

Oktober 1943: Werkhalle der Berliner Maschinenbau AG, vormals L. Schwartzkopff. Die Kriegslok der Baureihe 52 in der Endmontage; im Hintergrund dreiachsige Wehrmachts-Dieselloks WR 360 C 14 in der Fertigstellung

Breslau, Oktober 1943: Zum Lazarett umgebaute Personenzugwagen der DR, daneben ein Rotkreuz-Fahrzeug der 168. Infanteriedivision

Links: Sommer 1943: Der mit russischen Beute-Panzern ausgestattete Behelfs-Panzerzug dient zur Sicherung der Eisenbahnlinie zwischen Winniza und Berditschew

Unten, links: Orscha, Anfang September 1943: Führerhaus einer in Smolensk Ost beheimateten Güterzuglok der DR-Ost, Baureihe 57[10]

Rechts: Sommer 1943, auf der Strecke zwischen Siedlce und Brest-Litowsk: Eine polnische Lok der Baureihe Ty 23 aus dem Betriebswerk (Bw) Siedlce wird angezapft

Rechts: Landshut, September 1943: Ein 15-t-Kran geht auf die Reise, links ein vierachsiger Rungenwagen, rechts ein Niederbordwagen des Gattungsbezirks Erfurt

Unten links: Kowel, September 1943: Einer von Tausenden der namenlosen Blauen Eisenbahner im frontnahen Einsatz

Rechts: Morgentoilette auf dem Bahngelände von Budweis, September 1943: Das Naß spendet ein Wasserwagen, Typ Wuppertal, vom Betriebswerk Schwerte

Die Eisenbahnstrecke zwischen Aix-en-Provence und Marseille, Sommer 1943: Troß einer deutschen Division auf dem Weg nach Italien

Italien 1943: Deutsche Panzerdivision fährt durch den Apennin

10

Die sowjetischen Offensiven richten sich besonders gegen Verkehrsverbindungen. Und der Kampf um Stalingrad, einen der bedeutendsten Verkehrsknotenpunkte, ist für die Rote Armee von entscheidener Bedeutung. Hier treffen zwei der wichtigsten Eisenbahnlinien zusammen: vom Norden die Linie Orel – Woronesch – Powarino und vom Süden die Strecke Rostow – Kostelnikowo.

Der Zusammenbruch der Donfront, die deutsche Niederlage auf der Kubanhalbinsel sowie der endgültige Verlust von Charkow und Bjelgorod zeigen die sowjetische Strategie, erst die Hauptbahnverbindung Charkow – Poltawa – Rostow und Sumy-Bjelgorod – Kursk zurückzuerobern. Die große Winteroffensive der Sowjets, die am 22. November 1942 beginnt, stellt die Deutsche Reichsbahn vor fast unlösbare Aufgaben. Die Front weicht von Wolga und Terek zurück bis an Don und Mius. Dabei gehen 450000 Quadratkilometer Land mit dem gesamten Streckennetz der Feldeisenbahnkommandos 3 und 5 sowie der Reichsverkehrsdirektion Rostow, verloren. Die Rote Luftflotte konzentriert ihre Angriffe gegen die rückwärtigen Nachschubverbindungen der Deutschen, und die sowjetischen Armeen stoßen in das Hinterland vor, unterbrechen die Eisenbahnlinien und machen damit die Versorgung und Räumung der Front unmöglich. So werden die Eisenbahnknotenpunkte, wie Kursk, Lgow, Belgorod, Isjum, Wjasma und Rschew, von den Sowjets zurückerobert.

Am 5. Juli 1943 beginnt der deutsche Rückzug im Osten. An diesem Tag versucht man noch am Kursker Frontbogen, im sogenannten Unternehmen »Zitadelle«, durch den Einsatz moderner Waffen das Kriegsgeschick zu wenden, doch der Plan schlägt fehl. Am 12. Juli 1943 greifen die Sowjets Orel an. Zehn Tage später, am 22. Juli, muß der nach Osten vorspringende Frontbogen geräumt werden. Dabei gelingt es der DRB, Eisenbahnwerkstätten und andere Einrichtungen abzubauen und nach Westen zu verlagern. Die gleichzeitig einsetzende Massensprengung der Bahnlinien durch Partisanen sowie schwere Fliegerangriffe auf die Spitzenstrecken und Knotenbahnhöfe leiten die Anfang August 1943 einsetzende große Absetzbewegung im Süden und in der Mitte der Ostfront ein.

Die Zeit der deutschen Niederlagen an der Ostfront bedeutet für das Transportwesen eines der schwierigsten Probleme. Es sollen einerseits bei den Rückzügen möglichst wenig Menschen und Material in Feindeshand fallen, andererseits müssen die wichtigsten Verkehrsverbindungen für die nachrückende Rote Armee unbrauchbar gemacht werden.

Oft wird der Sprengbefehl – aus Geheimhaltungsgründen oder in Verkennung der Lage – so lange hinausgeschoben, daß schließlich die Zeit für eine Zerstörung nicht ausreicht. Beim Zurückweichen der Front Ende 1943 verlangt die Wehrmacht den Bau neuer Strecken als Querverbindungen. Die Eisenbahnpioniere sind jedoch derart mit Zerstörungsaufgaben beschäftigt, daß sie keine Zeit haben, im Hinterland die von Partisanen gesprengten Gleise wiederherzurichten.

Die Räumung des Bahnknotenpunktes Kiew wird jedoch so rechtzeitig eingeleitet, daß bis zum 5. November 1943 insgesamt 24 911 Wagen mit wertvollen Gütern abgefahren sowie sämtliche Anlagen und Brücken restlos vernichtet werden können.

Meistens schneiden die Deutschen beim Rückzug noch die Schienenlaschen ab, so daß die sowjetischen Pioniere vor der Umspurung auf Breitspur neue Laschen einbauen müssen.

Es zeigt sich aber, daß sie trotzdem in der Lage sind, die zerstörten Linien schnellstens – häufig mit Hilfe deutscher Kriegsgefangener – wiederaufzubauen. So ist bereits am 6. November 1943 der eroberte Eisenbahnknotenpunkt Kiew betriebsfähig, und schon am 24. November rollen die ersten Züge bei Kiew über den Dnjepr. Der Rückzug nach den Kämpfen von Wjasma und Rshew, Tarnname »Büffelbewegung«, kann durch »sorgfältige« Transportvorbereitungen sowohl personell als auch materiell fast ohne Verluste durchgeführt werden. Die Frontlänge von 754 km wird auf 386 km verkürzt; die weiteste Zurücknahme beträgt 160 km innerhalb von 22 Tagen; 24 000 qkm Gelände werden dabei aufgegeben.

Die Schwierigkeiten bei der Räumung zeigen sich deutlich an der übermäßigen Beanspruchung des Lokbestandes bei unzähligen Rangierarbeiten, durch starken Zulauf von Truppentransporten und Versorgungszügen bis unmittelbar zur Kampfzone, auch durch dauernden Strommangel. Ein Beispiel dafür ist die Räumung von Charkow, die pausenlos Tag und Nacht betrieben wird. Die Magazine, Werkstätten, Lager- und Stapelplätze am Stadtrand haben insgesamt über 200 Gleisanschlüsse. Doch sowohl Leerzüge als auch zurückkommende Transporte müssen über die Bahnhöfe geleitet werden, die vollgestopft von Zügen sind, deren Fahrtziele sich bereits in sowjetischer Hand befinden. Hunderte von Wagen mit Kohlen, Heu, Stroh oder Barackenteilen müssen zunächst einmal entladen werden, um Leerraum für noch wichtigere Güter zu schaffen.

Durch diese Behinderung ist an Abtransport von Heeresgütern kaum noch zu denken. 8000 Wagen stehen in Charkow, 2000 mehr als zu Beginn der Räumung. Die Rangierarbeiten nehmen einen Umfang an, der nicht mehr bewältigt werden kann.

Im gesamten Raum Charkow bereiten Heerespioniere Sprengungen vor, damit die zurückbleibenden Güter der Wehrmacht dem Gegner nicht in die Hände fallen und seine Kampfkraft noch erhöhen.

In der ersten Februarwoche versetzt ein überraschender Vorstoß der Sowjets die Stadt in Aufregung. Ein Luftlandetrupp ist bei Balakleja zwischen Isjum und Charkow abgesetzt worden, hat dort die Bahnlinie gesprengt, einige Bahnhofsbesatzungen gefangengenommen und im Überschwang des Erfolges sogar mit der Oberzugleitung in Charkow telefoniert.

Am 16. Februar 1943 gibt das II. SS-Panzerkorps (SS-Obergruppenführer Hausser) entgegen dem Befehl Hitlers Charkow auf. Was dort verlorengeht, ist unvorstellbar. Es sind Millionenwerte an Nahrungs-, Genuß- und Arzneimitteln, Geräten, Waffen, Munition, Kleidung, Motoren; Dinge, von denen der normale Bürger im Reich sich gar nicht vorstellen kann, daß sie überhaupt noch vorhanden sind. Bis zum letzten Augenblick haben unvernünftige Zahlmeister alles festgehalten, anstatt es den durchziehenden Soldaten zu geben. Am Ende kann nur noch ein Bruchteil verbrannt und gesprengt werden, der Rest fällt in Feindeshand.

Der Zusammenbruch der Heeresgruppe Mitte gegen Ende Juni 1944 gefährdet vor allem durch den Verlust leistungsfähiger und frontnaher Ausladeräume das deutsche Transportwesen bedrohlich. Schlimmer noch, die aufgegebenen Transportstrecken und Anlagen können nicht rechtzeitig zerstört, die Lager, Werkstätten und Parks nicht mehr geräumt werden.

Die Ausfälle an Lokomotiven belaufen sich im Osten allein im November 1943 auf 673 beschädigte Maschinen, davon 333 schwer. Dagegen können monatlich insgesamt nur 400 bis 500 Loks neu gebaut werden.

Oberinspektor *Kurt Walther*, einer der blauen Eisenbahner, der die Räumung erlebt hat:

»Am 22. Juni 1944, dem dritten Jahrestag des Einmarsches in die UdSSR, sind die Roten Armeen zum Angriff angetreten und rascher als man je befürchtet hat, zwischen Orscha und Borissow durchgebrochen. Die sowjetischen Stoßkeile drangen über die Beresina hinweg in den Bezirk der blauen Direktion ein und überrollten die Eisenbahner, die ja oft als letzte standhielten und befehlsgemäß ›ohne Rücksicht auf Verluste‹ räumten.

In endlosen Ketten von Zügen floß der Räumungsverkehr aus den Richtungen Minsk und Sluzk. Der Truppentransport und Versorgungsverkehr in beiden Richtungen ergoß sich in die noch unter den Nachwirkungen des Luftangriffs leidenden Baranowiczer Bahnhöfe, und nach möglichst beschleunigtem Lokwechsel fuhren sie wieder hinaus. Es gab keine begrenzte Dienstzeit mehr.

Und während nun auch damit begonnen werden mußte, Baranowicze selbst zu räumen, trafen immer neue Frachten aus der Heimat ein. Bei den Transportoffizieren der rückwärtigen Bezirke ging es nach dem Regelschema. Sie waren von der veränderten Lage entweder noch nicht unterrichtet worden oder wagten es nicht, ohne Befehl von oben die Weiterleitung der Güter zu stoppen.

Die Bevölkerung machte sich, in Rauch und Staubwolken gehüllt, größtenteils davon. Die Strecke nach Lida verstopfte sich. Um sie zu entlasten, wurden eine Anzahl von Zügen zurückgeholt und über Wolkowysk geleitet. Der Bahnhof Jegiornica, kurz vor Wolkowysk, wurde am Nachmittag des 5. Juli von Schlachtfliegern heftig heimgesucht. Zu den Betriebserschwerungen, die der Fliegerangriff auf Jegiornica zur Folge hatte, kamen in der Nacht Brandanschläge bei Slonim, so daß am Morgen dreizehn ›Richardzüge‹ zwischen Polonka und Slonim feststeckten. Da bewährte sich die Hilfszugleitung. Es gelang ihr, nicht nur die Züge durch mehrfaches Überwechseln vom Heimatgleis zum Frontgleis in kurzer Frist weiterzutreiben, sondern gleichzeitig dringende Gegenzüge nach Bara durchzubringen. Noch wurden auf der Brester Strecke in Kosow, Iwacewicze, Domanowo und besonders in Lesna Truppen- und Versorgungszüge aller Art abgefertigt.

Am Tage darauf war auch die Räumung Slonims in vollem Gange, während gleichzeitig starker Zulauf von Wolkowysk bewältigt wurde.

Polonka mußte aufgegeben, der Bahnhof gesprengt werden. Betriebsspitze war nun Albertin. Ein Teil der Zugleitung verblieb in Slonim, der Befehlszug des Betriebsamtes fuhr nach Zelwa, der Grenze der Direktionen Minsk und Königsberg. Luftangriff folgte auf Luftangriff. Dabei wurden Truppen aus- und Verwundete eingeladen. Das Personal der Zugleitung machte Rangierdienst.

Am 9. Juli wurde Albertin aufgegeben. Neue Betriebsspitze war nun Slonim selbst. Während schon Gefechtslärm zu hören war und zwei Schlachtfliegerangriffe durchgestanden werden mußten, fand noch die Verladung von Schadpanzern statt, und das Verpflegungslager Vimy wurde geräumt.

Nach kurzer Besserung der taktischen Lage verstärkte sich die Bedrohung des Bahnhofs und der Strecke durch den Feind so stark, daß die Eisenbahner gegen 11 Uhr Slonim fluchtartig verließen.

Und was vor eineinhalb Jahren mit Stalingrad begonnen hatte, ging weiter und weiter, von Bahnhof zu Bahnhof. Überall flohen die einheimischen Eisenbahnbediensteten, mußten Züge ohne Zugbegleitung, ohne Zugschluß und mit überhöhter Achsenzahl gefahren werden. Keine der Dienstvorschriften konnte mehr beachtet werden. Man fuhr Truppen- und Munitionszüge, transportierte Leermaterial bis in die Kampflinie, jagte Räumungszüge in Bündeln aus brennenden Bahnhöfen bis zu dem Augenblick, in dem die Pioniere die vorbereiteten Sprengungen auslösten. Man rangierte auf zerbombten Gleisanlagen, über Schienenbrüche und geflickte Weichen. In den Spitzenbahnhöfen wurden bis zur letzten Stunde Leerzüge für die Verwundetenverladung und zum Abtransport kampfunfähiger Panzer gehalten. Eine Hauptbehinderung des Betriebs in den

Spitzenbahnhöfen stellten die Sprengzüge dar. Am 22. Juli war in Richtung Grodno der Hauptbahnhof von Bialystok selbst Betriebsspitze. In übergroßen Lettern war am Bahnhofsgebäude zu lesen: *Räder müssen rollen für den Sieg*. Der Schienenwolf riß das letzte Streckenstück Bialsk – Bialystok kurz und klein.«

Die am 22. Juni 1944 begonnene sowjetische Sommeroffensive, in deren Verlauf die deutsche Heeresgruppe Mitte zusammenbricht, verursacht die weitaus größten Fahrzeugverluste des Ostfeldzuges.

In Orel, im Donezbecken, in Kiew, Lemberg, Warschau und einigen anderen Orten ist es noch möglich, die Absetzbewegung planmäßig durchzuführen und dabei wertvolles Material zu retten. Oft kommt jedoch der feindliche Vorstoß, wie etwa in Fastow, Schitomir, Rasdelnaja, Mogilew, Baranowitsche, Brest-Litowsk oder Lukow, so überraschend, daß das Eisenbahnpersonal alles zurücklassen muß und nur das nackte Leben retten kann. In Kowel, Witebsk, Estland und Lettland werden die Eisenbahner zusammen mit den Soldaten im Kessel eingeschlossen.

In vorderster Linie
»... Männer der Deutschen Reichsbahn aus allen Gauen des Reiches waren es, allen Dienstgraden und Dienstzweigen angehörig, die in den schweren Tagen des Kampfes um Kowel Seite an Seite mit den Soldaten des Heeres und der Waffen-SS ein Heldentum bewiesen, von dem die Geschichte in späteren Zeiten noch erzählen wird. Es waren keine Soldaten oder Feldeisenbahner im feldgrauen Rock, sondern Männer des blauen Eisenbahnheeres, die im Wirbel der Absetzbewegungen im Osten zu Frontsoldaten wurden... Einige hundert Eisenbahner

befanden sich in diesem Kessel, und nur etwa 5 Prozent von ihnen hatten früher einmal eine militärische Ausbildung genossen... Sie gingen im infanteristischen Einsatz in die vorderste Linie der Front, ... standen tage- und nächtelang in knietiefem Eiswasser auf Posten, schlugen die wütenden Angriffe der Sowjets an allen Stellen zurück und kämpften mit solcher Tapferkeit und Verbissenheit, daß die Landser... ihnen immer wieder ihre uneingeschränkte Bewunderung zum Ausdruck brachten.«
Reichsbahn, 23/24, 1944

Die rechtzeitig vorbereiteten Räumungsaktionen im Generalgouvernement gehen fast planmäßig vor sich. So fahren auf der Strecke zwischen Krakau und Lemberg im Sommer 1944 wochenlang 160 Züge in beiden Richtungen, ohne daß die Leistungsfähigkeit der Ostbahn überfordert wird.

Wie es ohne Eisenbahn ging, zeigte Napoleon. Er schlug zu Beginn seines Rußlandfeldzuges ein sehr hohes Tempo an, und seine Truppen legten den Weg von der Beresina bis nach Moskau kämpfend in acht Wochen zurück. Für den Rückzug brauchte er auf der gleichen Strecke unter dem Druck der Russen nur fünf Wochen. Hitlers Divisionen dagegen benötigten für die Überwindung des Raumes zwischen Dnjestr und Wolga zwei Sommerfeldzüge und legen, als sie entscheidend geschlagen werden, die gleiche Strecke in der halben Zeit zurück.

Ende Juli 1944 steht die Rote Armee vor Warschau. Die Funktionsfähigkeit des Eisenbahndienstes verlangt es, daß die Ostbahndirektion bis zur letzten Stunde in der Stadt bleibt. Das Direktionsgebäude, das abseits vom deutschen Regierungs- und Polizeiviertel im ehemaligen polnischen Verkehrsministerium liegt, wird mit Maschinengewehrständen, Stahlblenden an den Fenstern und mehreren Bunkern ausgerüstet. Und das für den Dienstbetrieb benötigte Personal bleibt auf den Bahnhöfen.

Am 1. August 1944, um 17.00 Uhr, bricht in Warschau der Aufstand aus. Bei schweren Kämpfen um den Danziger Bahnhof fallen 22 Eisenbahner, darunter der Bahnhofsvorsteher, doch die Verbindung zu den auf der rechten Seite der Weichsel gelegenen Bahnhöfen bleibt bestehen. Die Bahnhöfe östlich der Weichsel, das Ausbesserungslager Warschau-Praga, das Baustofflager Praga und das Brückenlager Marki werden restlos geräumt. Um den Verkehr in dem noch gehaltenen Westteil des Direktionsbezirkes steuern zu können, wird der Sitz des Betriebsleiters und des Transportkommandeurs am 5. August nach Koluszki bei Lodz verlegt. Der Aufstand dauert 63 Tage und endet am 2. Oktober 1944 mit der Kapitulation der Aufständischen.

»Die Tatsache, daß es gelungen ist, 350 000 Menschen innerhalb kurzer Zeit aus Warschau an ihre neuen Aufenthaltsorte zu bringen... ist eine hervorragende Leistung aller deutschen Dienststellen... Vor allem verursachte die Waggonstellung größte Schwierigkeiten, da mit Rücksicht auf die militärische Lage im Osten und Westen ein starker Wagenmangel bestand. Dank dem Entgegenkommen der Ostbahn und dank der persönlichen Initiative des Präsidenten Dr. Wiens wurde auch diese Schwierigkeit behoben.« Diese Lobesworte aus dem Abschlußbericht des Gouverneurs im Distrikt Warschau, SA-Gruppenführer Dr. Ludwig Fischer, an den Generalgouverneur Hans Frank über »Den Aufstand in Warschau 1944« gelten einer ganz besonderen Aktion der Reichsbahn:

Man verlädt alle Einwohner der polnischen

Hauptstadt, die das Gemetzel überlebten, in Viehwagen und verschleppt sie in westliche Richtung. »Sämtliche arbeitsfähigen Männer und Frauen« – von den Familien getrennt – sind nach Himmlers Weisung »ins Reich zu überführen«.

Es ist wohl der einzige Fall in der Geschichte der Eisenbahn, daß man sie beauftragt, alle Bürger einer Hauptstadt »an neue Aufenthaltsorte zu bringen«. Auch diese Aufgabe wurde »in kurzer Zeit« bewältigt. Und tatsächlich ist Warschau vom 3. Oktober 1944 bis zum 17. Januar 1945 ohne Einwohner. Lediglich Sprengkommandos und eine kleine Wehrmachtseinheit hausen noch in der Stadt, um den Führerbefehl – »Warschau soll nur ein geographischer Begriff bleiben« – zu vollstrekken.

Die Dnjepr-Brücke, südlich des Staudamms bei Saporoshje, August 1943: Zwei Monate später flog die Brücke beim Rückzug wieder in die Luft

Juli 1943, in der Nähe von Perwomaisk: Deutsche Eisenbahnpioniere beim Bau der General-Gercke-Brücke

28. August 1943, bei Perwomaisk: Der erste Zug über die General-Gercke-Brücke

141

**Juni 1943, Frankfurt/
Oder: Diese Einheit wur-
de von Frankreich nach
Rußland verlegt**

**Eine kurze Rast: Eisenbahner
im Führerhaus der Kriegslok
52. Malkinia 1943**

142

Sommer 1943, zwischen Sarny und Kowel: Die hölzerne Eisenbahnbrücke über den Styr haben Partisanen in Brand gesteckt

Westlich von Wilna, Oktober 1943: Eisenbahnpioniere sind auf dem Weg zu neuen Sprengstellen der Partisanen

143

Sommer 1943, ein Bahn-
hof in der Ukraine: War-
ten auf den Evaku-
ierungs-Transport

Saporoschje, Mitte Okto-
ber 1943: Verwundeten-
transport mit dem Beute-
Güterwagen, einige Ta-
ge vor der Eroberung der
Stadt durch sowjetische
Truppen

144

Winniza, September 1943: Letzter Gruß auf dem Weg ins Ungewisse

145

Schepetowka, September 1943: Eine Gruppe von Zwangsarbeitern muß ins Reich fahren

Herbst 1943, Ostfront, Südabschnitt: Einer vom Schienensprengkommando

146

Das Ende am Dnjepr, Mitte Oktober 1943: Zwischen Krementschug und Dnjepropetrowsk versucht der Sprengtrupp, den sowjetischen Vormarsch zu bremsen

Gefährlicher Dienst mit einem selbstgemachten ›Minensucher‹. Herbst 1943, Rowno

147

Die Strecke zwischen Pinsk und Luninez im ehemaligen Ostpolen, Oktober 1943: Sicherste Route für den Nachschub während der Schlammperiode

Beobachtungs- und Sicherungsturm auf dem gefährdeten Streckenabschnitt bei Proskorow, Herbst 1943

148

Die 2-cm-Flak-Stellung sichert die wichtige Eisenbahnbrükke über die Dordogne in der Nähe von Bordeaux, Herbst 1943

**Mosyr, Herbst 1943:
Ein von Partisanen
gesprengtes Wei-
chen-Herzstück**

149

**Zwischen Stolpzy
und Minsk, Herbst
1943: Die Kriegslok
52 041 samt Trup-
pentransport lief so-
eben auf eine Mine**

Abschied auf dem Leipziger Hbf, Herbst 1943: Lazarettzug kurz vor der Abfahrt an die Ostfront

150

Kriegslok der Baureihe 52 vor Schnellzugwagen auf der Strekke Stettin–Berlin, November 1943

Im Führerhaus einer Feldbahnlok: Der graue Eisenbahner als Heizer, Herbst 1943

Reparatur einer von Tieffliegern zerschossenen französischen Lok. Köln-Deutz, Herbst 1943

151

In deutschen Diensten: Loks
der SNCF, Bauart 140 B der
West-Region. Limoges,
Herbst 1943

Herbst 1943, Athen: In einer
Werkstatt der ehemaligen
griechischen Staatsbahn
(SEK)

152

Eine französische Lok der alten englischen Bauart im Dienst der DR. Roubaix, Herbst 1943

Ein Sonderfahrzeug des Feldeisenbahnkommandos (FEKdo) 3 bei Poltawa, Herbst 1943: Ein Lkw der Eisenbahnpioniere, der als Schienenschlepper verwendet wurde, und dessen Spurweite durch Verlegung des Radkranzes je nach Bedarf auf Normalspur oder auf russische Spurweite umgestellt werden konnte

153

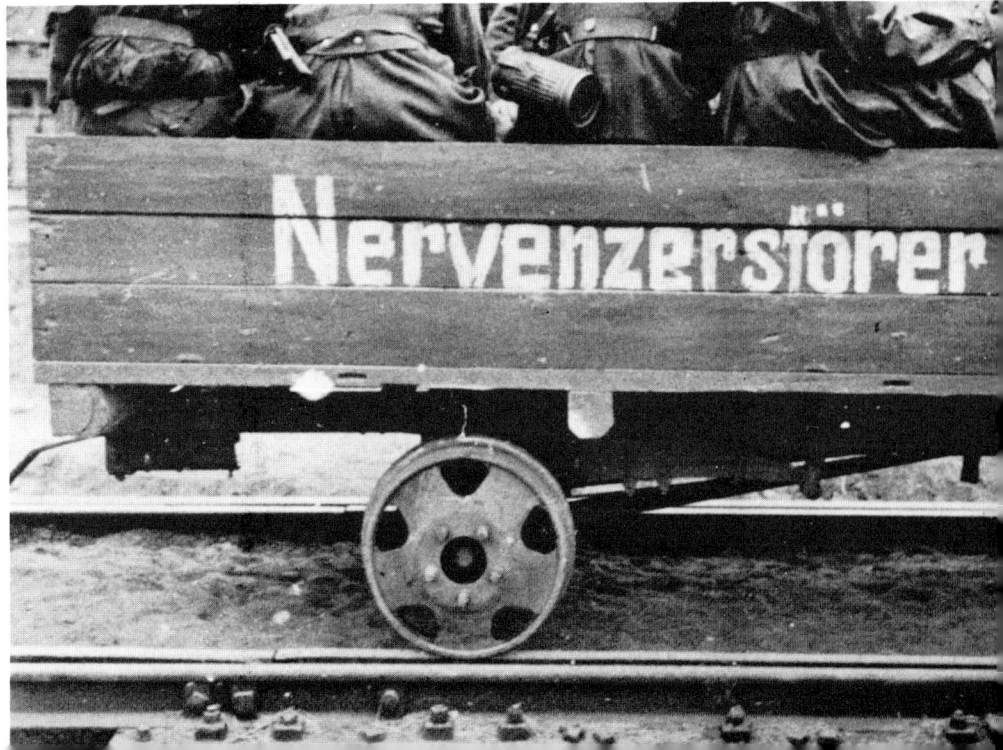

Nervenzerstörer

Snamenka, westlich von Kiew, Herbst 1943: Abschied von dem Sohn

Ein Zug wird kommen: Warten auf einer Strecke des Feldeisenbahnkommandos (FEKdo) 3, Herbst 1943

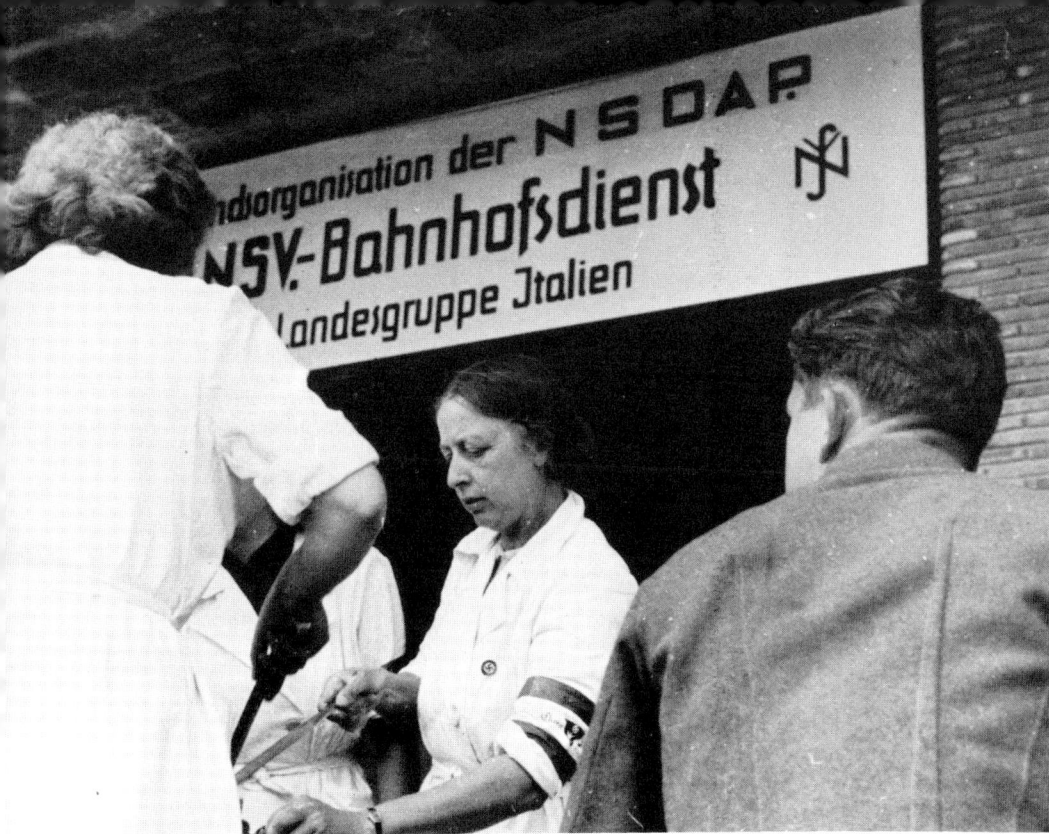

Modena, Frühjahr 1944: Das ›Bahnhofs-Buffet‹ für die Wehrmacht

155

Winter 1943/44: Räumung eines Nachschublagers bei Charkow

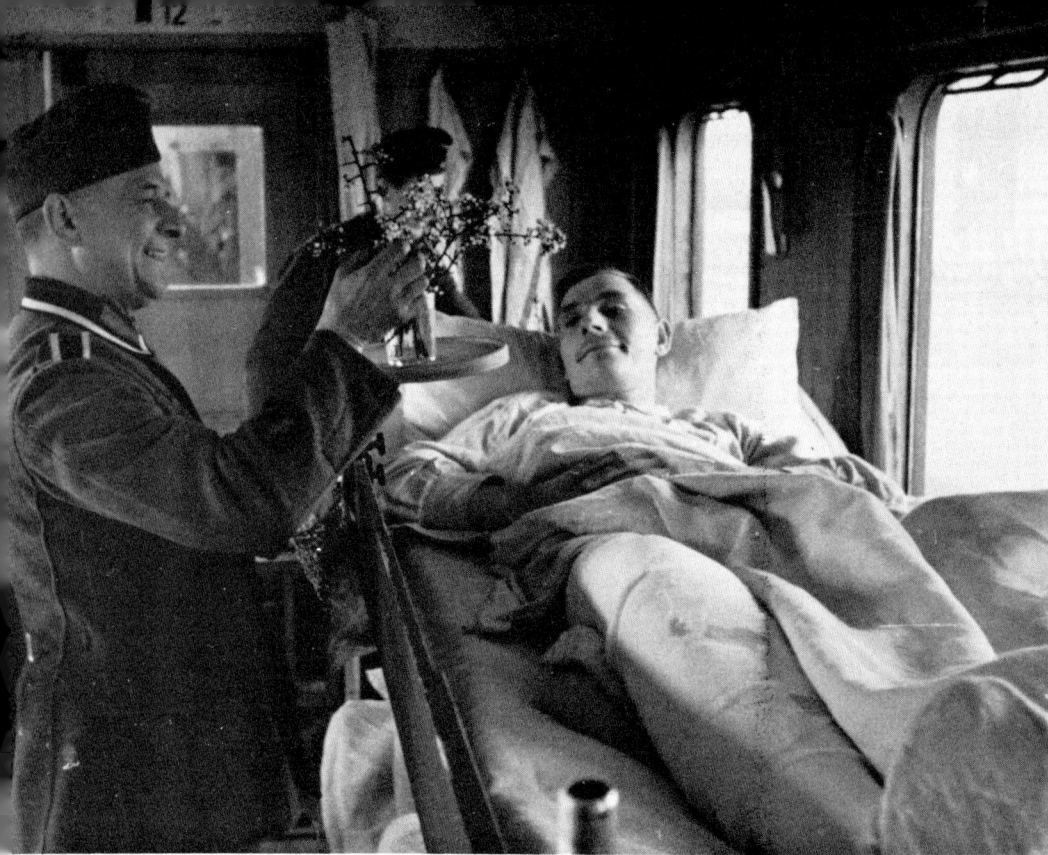

Oben: Kirkenes, Früh-
jahr 1944: Ein zum Be-
helfs-Panzerwagen um-
gebauter Waggon der
Norwegischen Staats-
bahn (NSB)
Unten: Frühjahr 1944, im
Raum von Minsk: Die
Panzereinheit mit Sturm-
geschützen 40 Ausfüh-
rung F wird per Eisen-
bahn auf einen anderen
Frontabschnitt verlegt

Der erste Frühlingsbote:
Ein blühender Zweig im
Bi-Reisezugwagen, zum
Lazarettwagen umge-
baut. Posen, Frühjahr
1944

Über die Alpen Frühjahr
1944: Wehrmachts-
Transportzug mit zwei-
achsigen deutschen
Rungenwagen

Eisenbahnbrücke über den Sereth bei Bacau, Ungarn, Frühjahr 1944: Diese Personenzuglok österreichischer Herkunft, Baureihe 16, leistet Vorspann

Ein offener Güterzugwagen der DR. Cottbus, Herbst 1943

158

11

Vom 13. September 1944 an ist Aachen die erste größere Stadt, um die auf deutschem Boden gekämpft wird. Auf Befehl Hitlers muß Aachen, während die Alliierten schon am Stadtrand stehen, von der Bevölkerung geräumt werden.

Das Näherrücken der Ostfront löst im Oktober 1944 eine Flüchtlingswelle aus, die über Straßen, zum größten Teil aber über den Schienenweg, nach Westen rollt. Die Vielzahl der eingesetzten Züge für die Rückführung der Familien aus den Ostgebieten und der dringende Bedarf der Wehrmacht an Nachschub führen auf den frontnahen Strecken zu erheblichen Betriebsstörungen.

Trotz der ständigen Bombenangriffe auf das Reichsgebiet fahren zur Vorbereitung der Ardennenoffensive allein im November und Dezember 1944 dreitausend Sonderzüge mit Soldaten, Waffen, Munition und Verpflegung über den Rhein nach Westen. Die Bereitstellung der Truppen bedeutet eine der schwierigsten eisenbahnmilitärischen Aufgaben des Zweiten Weltkriegs. Dabei ist strengste Geheimhaltung befohlen.

Die Offensive selbst leidet unter dem immer deutlicher werdenden Zusammenbruch des Transportsystems. Der geforderte Nachschub kann nur durch ununterbrochenen Höchstein-satz der Transportdienststellen erfüllt werden. Die erdrückende alliierte Luftüberlegenheit bringt aber nach und nach den Eisenbahnverkehr – vor allem tagsüber – zum Erliegen. Die Nachschubdienststellen können die Munitions- und Betriebsstoffzüge oft nur mit Mühe finden und sie erst in der Dunkelheit ausladen. Ganzenmüller versucht Ende 1944 durch eine radikale Verkehrssperre die vordringlichsten Transporte aufrechtzuerhalten. Als aber die Sperre aufgehoben wird, bilden sich neue Engpässe. Erst eine Wagenkontingentierung, die Ganzenmüller anschließend einführt, bessert die Lage, zumal Minister Speers Gebietsbevollmächtigte die Vordringlichkeit der Transporte kontrollieren können. Und während sich Rüstungsministerium und Verkehrsministerium noch darüber streiten, ob Generalsperre oder Wagenkontingentierung besser sei, wird am 16. Dezember 1944 das äußerst wichtige Verkehrsdreieck Hamm-Osnabrück-Münster durch Luftangriffe völlig lahmgelegt.

Am 13. Januar 1945, sechzehn Stunden nach Beginn der sowjetischen Winteroffensive, hat die deutsche 4. Panzerarmee aufgehört, als zusammenhängender Verband zu existieren. Die Rote Armee hat innerhalb von drei Wochen die restlichen Gebiete Polens, große Teile

Deutschlands östlich der Oder und fast ganz Ostpreußen erobert.

Die letzten Schlafwagen
»Wie bekanntgegeben, wird vom 23. Januar 1945 an der öffentlichen Schnell- und Eilzugverkehr eingestellt. Schlafwagen verkehren zum letztenmal in der Nacht vom 22. auf den 23. Januar. Zur Bedienung des dringendsten kriegswichtigen Dienstverkehrs werden wenige Dienst-D-Züge eingesetzt, die nur gegen die Bescheinigung einer Reichsbahndirektion benützt werden können.«
DNB, 22. Januar 1945

Anfang des Jahres 1945 wird die Situation besonders für die im Osten des Reiches gelegenen Direktionsbezirke immer schwieriger: Neben dem Nachschub zur Front müssen die Flüchtlingstransporte in Richtung Heimat gefahren werden.

Gleichzeitig mit den Vertriebenen aus Ostpreußen kommen allein aus dem Danziger Gebiet etwa eine halbe Million Menschen nach Westen; aus dem Bezirk Oppeln sind noch höhere Zahlen an Flüchtlingen bekannt. Ein Bericht der Reichsbahndirektion Posen spricht sogar von etwa 2 Millionen Deutschen, die innerhalb weniger Tage aus dem Warthegau abtransportiert werden. Auch 1,7 Millionen Schlesier fliehen in Richtung Westen, nicht mitgerechnet die unzähligen Familien, die sich zu Fuß auf den Weg machen und erst später die Bahn benutzen. Den Eisenbahnern des Betriebsamtes Kattowitz 1 gelingt es noch am 27. Januar 1945 von Orzesche aus (bei Rybmik), den letzten Lazarettzug unter Feindbeschuß in Sicherheit zu bringen.

Im Januar 1945 sind nicht nur die Eisenbahnknotenpunkte, sondern auch alle Eisenbahnlinien das Angriffsziel der Alliierten. Auf den Hauptstrecken werden Fahrten am Tage unmöglich. In der zweiten Januarhälfte verschärfen Frost und Schneefälle sowie die ständig zunehmenden zahllosen Flüchtlingstransporte aus dem Osten die Lage erheblich. Diese Verkehrssituation wirkt sich ebenso auf die Rüstungsindustrie aus. Und die Loks können nur noch mit Braunkohle betrieben werden. Erst im Endstadium des Krieges macht sich jedoch ein Nachlassen der Leistung des DRB-Personals bemerkbar: Die schweren Zerstörungen an den Bahnanlagen, die stundenlangen täglichen Luftangriffe, der Verlust von Hab und Gut, oft auch von Angehörigen, sind starke seelische Belastungen, dazu die schlechte Ernährung.

100000 Eisenbahner an die Front
»Weitere 100000 Eisenbahner sollen auf Anordnung des Reichsführers-SS für die Wehrmacht aus dem Reichsbahnbetrieb ausgekämmt werden. Die Auskämmung geschieht trotz eines Protestes des geschäftsführenden Reichsverkehrsministers Dr. Ganzenmüller, der den Reichsführer-SS darauf hingewiesen hat, daß die wachsende Zahl der Unfälle im Reichsbahnbetrieb hauptsächlich auf das Übergewicht der Fremdarbeiter bei den Unterhaltungsarbeiten in den Lokomotivschuppen und auf den Strecken zurückzuführen ist.«
Nachrichten für die Truppe, Nr. 331 vom 13. März 1945 (Ein Flugblatt der Psychological Warfare Division, USAAF)

In diesem Chaos beruft Hitler am 18. Februar 1945 Rüstungsminister Speer an die Spitze eines neugegründeten Verkehrsstabes. Am 20. Februar wird Speer noch die Aufteilung des gesamten Transportraumes übertragen. Wenige Tage nach der Übernahme des Verkehrssektors durch Speer versetzt die US Air Force dem deutschen Verkehrsnetz mit der großangelegten Operation »Clarion« den Todesstoß. Selbst zwei Millionen Menschen, meist arbeitslose Rüstungsarbeiter, die zur Beseitigung der Schäden an den Reichsbahnanlagen eingesetzt werden, können die totale Zerstörung nicht aufhalten.

Bereits im Herbst 1944 hat man die »Sondermaßnahmen-West« angeordnet: Auf den rechtsrheinischen Strecken, westlich einer festgelegten Linie, dürfen die Züge wegen der Tieffliegerangriffe fast ausschließlich nur noch bei Nacht und am Tage nur bei dunstigem Wetter verkehren.

Zu Beginn des Jahres 1945 fallen die Rheinbrücken nach und nach aus, Ende Februar sind nur noch zwei der neun Rheinbrücken im Kölner Bezirk passierbar.

Am 18. März 1945 ernennt Minister Speer den OT-Einsatzgruppenleiter Bürger zum Generalkommissar für die Wiederherstellung der Reichsbahnanlagen. Bürger erhält die Ermächtigung, sämtliche Baustellen stillzulegen, um so Personal freizubekommen. Während die Luftangriffe die Rüstung zwar schwer treffen, sie aber keinesfalls völlig lahmlegen, wirkt sich die Zerstörung der Transportwege auf den Lebensnerv der Reichsbahn tödlich aus.

Führerbefehl, 19. März 1945
»Ziel ist Schaffung einer Verkehrswüste im preisgegebenen Gebiet... Verknappung von Sprengmitteln verlangt erfinderisches Nutzen aller Möglichkeiten nachhaltigen Zerstörens.« Dazu gehörten, wie der Erlaß im einzelnen feststellte, »Brücken aller Art, die Gleisanlagen, die Stellwerke, alle technischen Anlagen in den Rangierbahnhöfen, Betriebs- und Werkstätteneinrichtungen, aber auch die Schleusen und Schiffshebewerke unserer Schiffahrtswege. Gleichzeitig sollten alle Lokomotiven, Personen- und Güterwagen restlos zerstört werden«.

Seit April 1945 schalten alliierte Luftangriffe beinahe den ganzen binnendeutschen Schienenverkehr aus. 3500 km Gleise, 13000 Weichen, 2472 Brücken, 30 Tunnels, 1500 Stellwerke, 110000 km Fernmeldeleitungen, 4700 Lokomotivstände, 9000 Lokomotiven und 100000 Güterwagen fallen ihnen zum Opfer. Nur 65 Prozent der Loks, 40 Prozent der Personenwagen und 75 Prozent der Güterwagen sind noch betriebsklar.

Mitte April 1945 bricht die Organisation des Reichsverkehrsministeriums, die zentrale Leitung der Reichsbahn, zusammen. Als schließlich dann die Verbindung zwischen den einzelnen Dienststellen, Ämtern und Direktionen abreißt, bedeutet es das Ende der DRB.

Nord-Italien, Po-Ebene
zwischen Cremona und
Mantua, Frühjahr 1944:
Volltreffer auf eine Eisenbahnbrücke

Bei Kalinkowitschi: Die
blauen Eisenbahner si-
chern die Strecke in dem
von Partisanen gefährde-
ten Gebiet. Im Hintergrund
eine Kriegslokomotive

Zwischen Minsk und Borisow, Frühjahr 1944: Durch Minen beschädigte Gleise, im Hintergrund wieder ein Behelfs-Panzerzug der Eisenbahnpioniere

Frühjahr 1944 bei Sluzk: Eisenbahnpioniere bei der Arbeit an den von Partisanen gesprengten Schienen

163

Tiefflieger-Alarm: Ein vierachsiger Langenschwal-
bacher Personenwagen
als ortsfeste Mann-
schaftsunterkunft

Boulogne-sur-Mer, März
1944: Das Ende vieler
Nachschub-Transporte

Bei Luzk, Mai 1944: Wie so oft, wurde der auf Minen gelaufene Zug vom Gleis gekippt, um die Strecke wieder befahrbar zu machen

April 1944, Strecke Wilna–Dünaburg: Der sowjetische Flieger bezahlte beim Angriff auf die Eisenbahnanlagen mit dem Leben

165

Bei Kalinkowitschi: Alarm für ▶
den Sicherungstrupp, im Hintergrund wieder eine Güterzuglok der Baureihe 56²

Führerhaus der Güterzuglok ▶ ▶
56 237

Mai 1944, bei Wilkomir: Strek-
ken-Sicherungstrupp auf der
Plattform vor einer älteren Lok

In der Nähe von Kalinkowitschi:
Zwei feldgraue Eisenbahner si-
chern eine Güterzuglok der DR,
Baureihe 56²

166

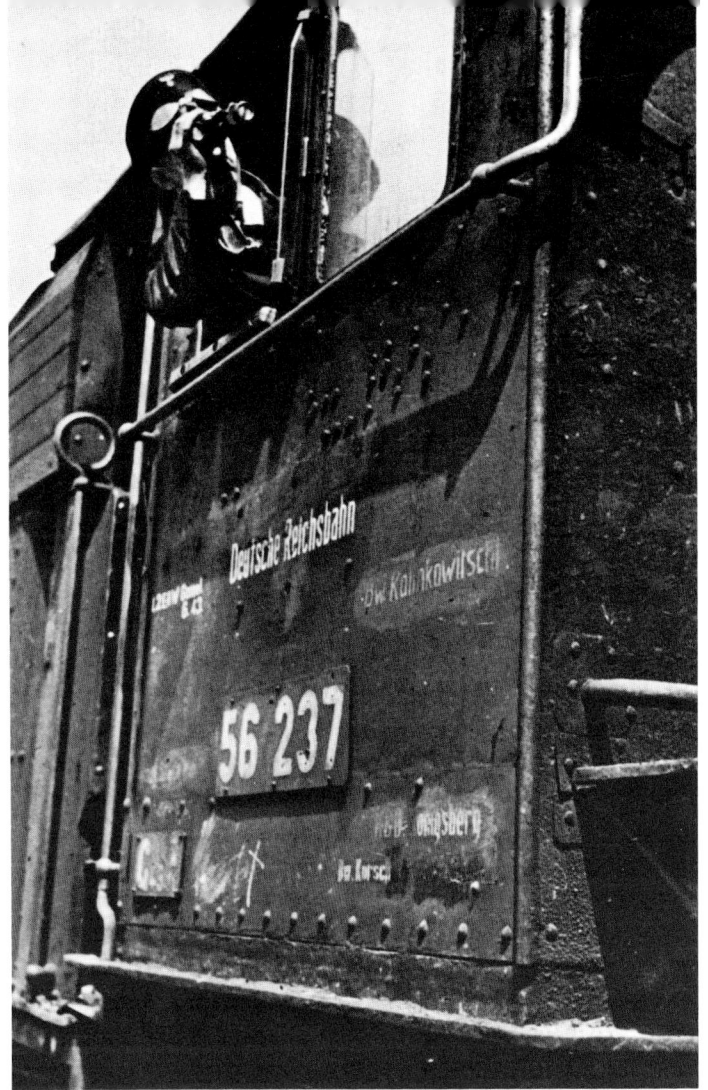

Frankreich, Frühjahr 1944:
Mitglieder der Résistance
bereiten eine Schienen-
sprengung in der Nähe
von Bordeaux vor

167

Florenz, Mai 1944: Diese Luftwaffen-Einheit wird nach Süden verlegt

Warschau, März 1944: Verpflegungsrast einer Luftwaffen-Einheit auf dem Weg zur Front

168

Kap Gris Nez, Mai 1944: 28-cm-Eisenbahngeschütz aus der ›Bruno‹-Serie (1938), auf zwei fünfachsigen Drehgestellen laufend

Mai 1944, an der Strekke zwischen Kowel und Sarny: Zwangsarbeiter beim Schienenlegen

169

Zwischen Arras und Lille, Sommer 1944: Französische Personenzuglok nach einem Anschlag der Résistance

Sommer 1944, nördlich von Rom: Nach Angriffen der Jagdbomber

Evreux, Anfang Juni 1944:
Ein typisches Bild der
französischen Bahnhöfe
nördlich von Paris, am
Vorabend der Invasion

Rouen, Mai 1944: Eisen-
bahnpioniere bei der Ber-
gung von Resten eines
durch die französischen
Résistance zerstörten
Nachschubtransportes

171

Juni 1944: Die von Partisanen gesprengte Dnjepr-
Brücke bei Orscha

Normandie, Invasions-
Front, Juni 1944: Ein von
alliierten Tiefffliegern zerstörter deutscher Treib-
stoff-Transport

172

Bordeaux, Juni 1944: Truppentransport-Zugsicherung mit einem MG gegen Tiefflieger. Zu beiden Seiten auf den Nebengleisen die Weintransportwagen der SNCF

Auf einer gesprengten Ei-senbahnbrücke bei Gomel

173

Paris, Ende Juni 1944: Zwei Eisenbahner der ›Wehrmachts-Verkehrsdirektion‹, einer Transportorganisation der DR, die nach der Landung der Alliierten in der Normandie in Frankreich eingesetzt wurden, studieren die Wagenzettel

Irgendwo auf einer der endlosen Strecken des Ostens: Der Eisenbahner zwischen dem Räumungsgut

◄ Frankreich, Juli 1944: Drei Angehörige der WVD (Wehrmachts-Verkehrsdirektion) auf einem Pariser Bahnhof

Sommer 1944, die Tage des Zusammenbruchs der Heeresgruppe Mitte: Ein junger Soldat des Schienen-Sprengkommandos

175

Oben: Juli 1944: Aachen: Mittagspause bei der Zugsicherungs-Flakmannschaft, im Hintergrund zwei Güterzugloks der Baureihe 57[10]

Links: 24. Juli 1944: Wenige Stunden vor dem Einmarsch der Roten Armee in Bialystok

Rechte Seite
Oben: Turin, August 1944: Panzerdivision auf dem Weg zur Front

Unten: Eisenbahnstrecke zwischen Antwerpen und Brüssel, Anfang September 1944: Zugsicherungs-Plattform mit leichter Beute-Flak, dahinter eine französische Lok

176

Saarbrücken, 9. August 1944:
An diesem Tag lud die 8. US-
Luftflotte über der Stadt 384 t
Bombenlast aus. Im Hinter-
grund Loks französischer
Herkunft

Sommer 1944: Das gesprengte Herzstück einer Weiche

178

Ende Oktober 1944 zwischen
Forli und Bologna: ›Der Schienenwolf‹ im Einsatz

Oktober 1944: Eisenbahn-
brücke bei Memel, beim
Rückzug zur Sprengung vorbereitet

179

Warschau-West, September 1944: Die Bewohner der polnischen Hauptstadt auf dem Weg zum Sammellager Pruschkow. Züge der Warschauer Gleichstrombahn

Halle an der Saale, Herbst 1944: Es läuft scheinbar alles noch in bester Ordnung. Butterbrote für Mütter und Kinder, die in nicht luftgefährdete Gebiete umquartiert werden

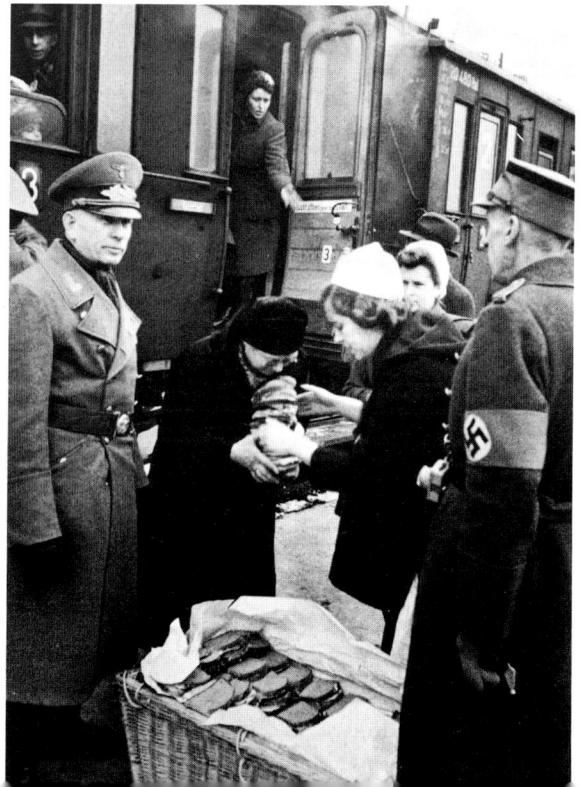

180

Wittenberg an der Elbe, 1. November 1944: Stromlinien-
verkleidete Schnellzuglok der DR, Reihe 01[10]

Dezember 1944: Auf einem Bahnhof östlich der Oder. Ein
kleiner Bub, der seine Heimat verlassen muß

Dezember 1944 bei Allenstein: Heutransport mit den Wagen der französischen Eisenbahn. Von früherer Benutzung ist die »Pulverflagge« stehengeblieben

Herbst 1944:
Eine Schrankenwärterin

182

Mai 1945, irgendwo in Deutschland: Wenn auch nicht an der ›Siegfried-Line‹, so doch wenigstens vor einem Güterwagen der DR trocknen die beiden Engländer ihre Wäsche

März 1945: Trotz allem beweist man noch Humor

183

Mutti mach das
Bettchen auf,
der Papa kommt
im Dauerlauf

Ein Bahnhof westlich des Rheins, Frühjahr 1945: Das Ende

Rechts: Preßburg, März 1945: Ein von tschechischen Partisanen in die Luft gejagtes Streckenstück

Linke Seite
Oben: November 1944: Überholbahnhof auf der Strecke zwischen Csap und Tokaj in Ungarn mit Kriegslok der Baureihe 52. Auf den Rungenwagen davor Behelfskonstruktionen der Eisenbahnflak mit Splitterschutz

Unten: Zwischen Ferrara und Padua, Herbst 1944: ›Verbrannte Erde‹ entlang des Schienenstranges

185

Februar 1945: Die britischen Schnellbomber greifen den Bahnhof Soltau an

Linke Seite
Oben: 12. September 1944: Das RAF-Bomber-Command warf 1556 t Bomben über Frankfurt am Main ab
Unten: März 1945: In einem Eisenbahntunnel nördlich von Verona nach den Luftangriffen

12

Quellen:

Adler, H. G.: Der verwaltete Mensch, Studien zur Deportation der Juden aus Deutschland, Tübingen 1974.

Ahlfen, H. v. Generalmajor: Der Kampf der Festung Breslau. In: Wehrwissenschaftliche Rundschau, Heft 1/1956, Berlin-Frankfurt/M.
Der Kampf um Schlesien, München 1961.

Amtliche Veröffentlichungen:
Reichsgesetzblatt (RGBl.)
Eisenbahn-Verkehrsordnung (EVO)
Eisenbahn-Bau- und Betriebsordnung (BO)
Fahrdienstvorschriften (FV)
Geschäftsberichte der Deutschen Reichsbahn
Amts- und Nachrichtenblätter
Erlasse, Verordnungen, Verfügungen, Vorschriften und Bekanntmachungen des Reichsverkehrsministers (Reichsverkehrsministeriums), ferner des Generaldirektors und der Hauptverwaltung (HV) der Deutschen Reichsbahn
Sammlungen von Erlassen und Verfügungen – Dienstvorschriften 112 und 118
Statistische Angaben über die Deutsche Reichsbahn (Blaubücher)

Army Intelligence Division, Washington, D. C.:
Lesson from the War (Lehren des Krieges), Translation registry no. F-6252, 28 Seiten.
Resistance Factors and Special Forces Areas: Bulgaria (Widerstandsfaktoren und Gebiete der Sondertruppen: Bulgarien), Projekt Nr. A-394, 22 S., 1957.

Army Special Warfare Center, Fort Bragg, N. C.:
Readings in Guerilla Warfare (Vorlesungen über Guerillakriegführung), Dezember 1960.

Army Archives, Washington, D. C.:
German Anti-Guerilla Operations in the Balkans, 1941–1944 (Deutsche Operationen gegen die Guerillas auf dem Balkan, 1941–1944), Nr. 20-243, 82 S., 1954.

Augur: Die rote Partisanenbewegung. Aufbau und Kampfverfahren. Allg. Schweiz. Militärzeitschrift, Jahrgang 1949, Band 115, S. 441.

Baedeker: Das Generalgouvernement, Leipzig 1943.

Bergés: Le role militaire actuel des chemins de fer. Revue de défense nationale, Paris. Jg. 1947, S. 483–492 und 666–677.

Bergonzini, L.: Partisanen am Monte Battaglia, Berlin 1962.

Beyer, H.: Dokumente über die faschistische Okkupation von 1939 bis 1945 in Polen. In: Wissenschaftliche Zeitschrift der Karl-Marx-Universität Leipzig. 1956/57, Heft 1, S. 11 ff.

Bibliographien: Bücherschau der Weltkriegsbücherei. Bibliothek für Zeitgeschichte, Stuttgart O.

Blindheim, S.: The Strategy of Underground Warfare (Die Strategie des Untergrundkrieges), zusammengefaßte Übersetzung in Military Review, Juni 1951.

Bork, M.: Das deutsche Wehrmachttransportwesen – eine Vorstufe europäischer Verkehrsführung. In: Wehrwissenschaftliche Rundschau 2, S. 50, 1952.

Bowmann, G.: Strategic Bombing, London 1956.

Bühler: Das Generalgouvernement. Seine Verwaltung und seine Wirtschaft. Sammlung von Vorträgen der ersten wissenschaftlichen Vortragsreihe der Verwaltungsakademie des Generalgouvernements, Krakau 1943.

Bulgariens Volk im Widerstand 1941–1944. Eine Dokumentation über den bewaffneten Kampf gegen den Faschismus. Hrsg. von Petar Georgieff und Basil Spiru, Berlin 1962.

Bundesarchiv Akten R 43 II/184 a (Reichskanzlei); R 5/125, 853, 873, 875, 589 a (Reichsverkehrsministerium); R 2 Zg. 1955 ff. 5067, 23494, 23495, 23717, 23797; (Reichsfinanzministerium) 1 R 52 I/ (Warschauer Eisenbahnen); R 52 II/174–223 (Tagebuch des Generalgouvernement Dr. Frank).

Busse, H./Dreetz, D.: Neue Quellen zur Entwicklung der sowjetischen Partisanenbewegung in den Jahren 1941/42. In: Zeitschrift für Militärgeschichte, Heft 4, S. 491 ff., Berlin 1964.

Carr, E. H.: German-Soviet Relations 1919–1939, London 1952.

Chronik des Krieges, Dokumente und Berichte, Berlin 1940.

Combaux, C.: Military Activities of the French Resistance Movement (Militärische Aktivität der französischen Widerstandsbewegung), Military Review, Juli 1945.

Dallin: Deutsche Herrschaft in Rußland 1941–1945, New York, Düsseldorf 1958.

Deborin, G. A.: Der zweite Weltkrieg, Berlin (Ost) 1960.

Der Partisanenkampf in der Sowjetunion. Über Charakter, Inhalt und Formen des Partisanenkampfes in der UdSSR 1941–1944, Berlin 1963.

Der Prozeß gegen die Hauptkriegsverbrecher vor dem Internationalen Militärgerichtshof in Nürnberg. 14. November 1945–11. Oktober 1946, 42 Bd., Nürnberg 1947–1949.

Der Reichsführer-SS und der Chef der Deutschen Polizei: Bandenbekämpfung. 1. Ausgabe, September 1942. Gedruckt im Reichssicherheitshauptamt, o. J.

Der Widerstandskämpfer (Wien), Neue Zürcher Zeitung/1957.

Deutsche Bundesbahn, HV Dokumentationsdienst: Was geschah wann? Zahlen aus der Geschichte der Eisenbahn.

Deutsche Reichsbahn, Lehrstoffe für die Dienstanfängerschule, »Bilden der Züge«, 2., neubearbeitete Auflage, Leipzig 1941.

Deutsche Reichsbahn, Reichsbahn-Zentralamt Berlin: Beschreibung der Güterzuglokomotive Reihe 50. Berlin o. J. (um 1938).

Die deutsche Industrie im Kriege 1939–1945, herausgegeben vom Deutschen Institut für Wirtschaftsordnung Berlin-Dahlem, Berlin 1954.

Die Eisenbahn als operatives Führungsmittel. In: Wehrkunde, 1953, Heft 7, S 9 ff.

Die Gestaltung des Eisenbahnverkehrs zwischen Deutschland und der Sowjetunion im Kriege, 1940.

Die kritische Transportweise im Kriege. Zeitschrift für Verkehrswissenschaft, Köln, 26. Lg. 1955, Heft 2., S. 119–124.

Die militärische Bedeutung des Verkehrswesens. In: Bilanz des zweiten Weltkrieges.

Die Niederlage 1945, Aus dem Kriegstagebuch des Oberkommandos der Wehrmacht. Hrsg. von P. E. Schramm, München 1962.

Die Ostbahn, Zeitung des Vereins Mitteleuropa, Eisenbahnverwaltungen 1941, S. 373 ff.

Die Tragödie Schlesiens 1945/46 in Dokumenten. Bearbeitet und herausgegeben von Dr. Johannes Kaps, München 1957.

Dixon, A./Heilbrunn, O.: Partisanen (engl. Titel: Communist Guerilla Warfare). Stratu. Taktik des Guerillakrieges, Frankfurt/M. 1956.

Dokumente zum Westfeldzug 1940. Hrsg. von H. A. Jacobsen, Göttingen 1960.

du Prel: Das Generalgouvernement, 2. Aufl. Würzburg 1942.

Durrant, A. E.: The Steam Locomotives of Eastern Europe, Newton Abbot 1966.

Eichholtz, D.: Geschichte der Deutschen Kriegswirtschaft. Band 1, 1939–1941, Ost-Berlin 1969.

Elsners eisenbahntechnische Taschenbücher, verschiedene Jahrgänge 1936–1940.

Ewerth, L.: Der Arbeitseinsatz von Landbewohnern besetzter Gebiete des Ostens und Südostens im 2. Weltkrieg (Diss. Ms.), Tübingen 1955.

Feuchter, G. W.: Der Luftkrieg, 2. Aufl. von Geschichte des Luftkrieges, Bonn 1962.

Frankland, N./Webster, Sir Ch.: The Strategic Air Offensiv against Germany 1939–1945, 4 Bde., London 1961.

Friedensburg, F.: Die sowjetischen Kriegslieferungen an das Hitlerreich. In: Vierteljahreshefte zur Wirtschaftsforschung, Jahrgang 1962, Heft 4, Berlin.

Gellner, J.: Partisans as a Weapon of War, The Roundel, März 1956.

»German Counter-Intelligence Activities in Occupied Russia (1941–44)«, Office of the Chief of Military History, U.S. Department of the Army, Washington, o. D.

Gerteis: 5 Jahre Ostbahn (eine von dem ehemaligen Präsidenten der Generaldirektion der Ostbahn im November 1949 gefertigte und an seine Mitarbeiter verteilte Denkschrift).

Gerteis: Organisation und Aufgaben der Ostbahn in Gegenwart und Zukunft.

Geschichte des Großen Vaterländischen Krieges der Sowjetunion 1941–1945 in sechs Bänden, Bd. 1–3, Berlin 1962–1964.

Geschichte des zweiten Weltkrieges 1939–1945. Militärhistorischer Abriß. Unter der Redaktion von Generalmajor N. G. Pawlenko und Oberst I. W. Parotkin, 2 Bde., Berlin 1961.

Görlitz, W.: Der zweite Weltkrieg 1939–1945, Stuttgart 1952.

Gottberg, H.-L. v.: Das Wesen des sowjetischen Partisanenkampfes. In: Wehrkunde, 1958, Heft 12, S. 689 ff.

Gottwaldt, A. B.: Deutsche Kriegslokomotiven 1939–1945, Stuttgart 1973.

Graßmann, G. O.: Die deutsche Besatzungsgesetzgebung während des zweiten Weltkrieges, Tübingen 1958.

Greiner, H.: Die oberste Wehrmachtführung 1939–1943. Nach dem Kriegstagebuch des Wehrmachtführungsstabes, Wiesbaden 1951.

Griebl, H./Wenzel, H.:
Geschichte der deutschen Kriegslokomotiven. Reihe 52, Reihe 42, Wien 1971.

Gubbins, C.: Resistance Movements in World War II (Widerstandsbewegungen im zweiten Weltkrieg), Royal Service Institute Journal, Mai 1948 (zusammengefaßt in Military Review, Januar 1949).

Guderian, H.: Erfahrungen im Rußlandkrieg. In: Bilanz des zweiten Weltkrieges, S. 81 ff.

Guischard: Personalfürsorge bei der Ostbahn, Reichsbahn 1942.

Haas, L.: Auswahl und Einsatz der Ostarbeiter, Neustadt 1944.

Haeseler: Erkundung und Wiederherstellung der Eisenbahnen des von der deutschen Wehrmacht besetzten Gebietes während der Kampfhandlungen, Reichsbahn 1939.

Hahn, K. E.: Eisenbahner in Krieg und Frieden, Frankfurt/M. 1954.

Halder: Kriegstagebuch Band I. Vom Polenfeldzug bis zum Ende der Westoffensive 14. 8. 1939–30. 6. 1940, Stuttgart 1962.

Hampe, E.: Die technischen Truppen im zweiten Weltkrieg. Wehrwissenschaftliche Rundschau, Jg. 1953, S. 509–520.

Handbuch für die Dienststellen des Generalbevollmächtigten für den Arbeitseinsatz und die interessierten Reichsstellen im Großdeutschen Reich und in den besetzten Gebieten. Hrsg. vom GBA, bearbeitet von F. Didier, Bd. I, Berlin 1944.

Harris, A. E.: Partisan Operations (Partisanenoperationen), Military Review, August 1950.

Harris, A. T.: Bomber-Offensive, London 1947.

Hart, Liddell B. H.: Die Rote Armee, Bonn 1956.

Hart, Liddell B. H.: Die Strategie einer Diktatur. Aufstieg und Fall deutscher Generale, Zürich 1948.

Haustein: Das Werden der Großdeutschen Reichsbahnen im Rahmen des Großdeutschen Reiches, Reichsbahn 1942.

Hawemann, W.: Achtung, Partisanen! Der Kampf hinter der Ostfront, Hannover 1953.

Heelis, J. E.: Guerilla Warfare and Its Lessons (Guerillakriegführung und ihre Lehren), United Institute of India, Juli 1947.

Heeres-Dienstvorschriften HDv:
66/3 Die Bahnhofskommandantur (Hafenoffizier), 1941.
67 Wehrmacht-Eisenbahnordnung (Weo) m. d. militärischen u. d. eisenbahntechnischen Ausführungsbestimmungen, 1932.
Zu 67 Merkheft f. d. Kriegsdauer Wehrmachtstransporte auf Eisenbahnen, 1940.
68/5 Heft 5: Grundsätze f. d. Fahrzeugverladung auf offenen Eisenbahnwagen u. f. d. Errechnung des Wagenbedarfs (Fahrzeugverladung – Grundsätze – F.V.Gr.), 1938, 1943.
68/5a Heft 5a: Ausrüstung d. Eisenbahnwagen f. Wehrmachttransporte (Wg.-Ausr.), 1941.
68/5b Heft 5b: Anleitung z. Ein- u. Ausladen m. fahrbaren Eisenbahnladerampen (Flr.), 1935, 1941.
68/6 Heft 6: Militärverkehr von und nach Ostpreußen, 1937.
69 Wehrmachttarif f. Eisenbahnen m. Ausführungsbestimmungen u. Erläuterungen, 1939.
69 Militärtarif f. Eisenbahnen, 1936.

Heilbrunn, O.: Partisanenbuch, Zürich 1956.

Henschel & Sohn GmbH, Kassel:
Beschreibung und Betriebsanweisung der 1'E Henschel-Kondenslokomotive Baureihe 52 der Deutschen Reichsbahn, Kassel 1944.

Herdeg, W.: Grundzüge der deutschen Besatzungsverwaltung in den west- und nordeuropäischen Ländern während des zweiten Weltkrieges, Studien des Instituts für Besatzungsfragen in Tübingen, Nr. I, Tübingen 1953.

Heusinger, A.: Befehl im Widerstreit, Schicksalsstunden der deutschen Armee 1923–1945, Tübingen 1950.

Historical Study: Russian Combat Methods in world war II. In: Department of the Army Pamphlet, No. 20-230, 1950.

Hitlers Weisungen für die Kriegführung 1939–1945. Dokumente des Oberkommandos der Wehrmacht. Hrsg. von Walther Hubatsch, Frankfurt/M. 1962.

Holtz: Wieder Eisenbahnverkehr mit Rußland, Zeitung des Vereins Mitteleurop. Eisenbahnverwaltungen 1940, S. 145 ff.

Ignatow, P. K.: Partisanen, Berlin 1953.

Jacobsen, H. A.: 1939–1945, Der zweite Weltkrieg in Chronik und Dokumenten, 4. Aufl., Darmstadt 1959.
Jahrbuch für nationalsozialistische Wirtschaft, Berlin 1935 ff.

Janssen, G.: Das Ministerium Speer, Berlin 1968.

Joachimi: Der erste Aufbau der Eisenbahndirektion Lodz, Reichsbahn 1939, S. 1007 ff.

Kaissling: Eisenbahn-Ausbesserungswerke im besetzten Gebiet, Krakau 1944: Druckerei und Fahrkartenverwaltung der Ostbahn.

Kaldor, U.: The German War Economy, Manchester Statistical Society, May 22nd 1946.
Keesings Archiv der Gegenwart, Siegler Verlag, Wien.

Kehrl, H.: Kriegswirtschaft und Rüstungsindustrie. In: Bilanz des zweiten Weltkrieges.

Klein, B. H.: Germany's Economic Preparations for War, Cambridge (Mass.) 1959.

Knuth: Vom deutschen zum großdeutschen Reisebüro. Großdeutscher Verkehr 1941, S. 515 ff.

Koch, H. A.: Flak, Bad Nauheim 1954.

Körner, P.: Straffste Lenkung der Kriegswirtschaft. In: Der Vierjahresplan 4 (1940).

Kovpak, Generalmajor S. A.:
Our Partisan Course, London 1947.

Kreidel, H.: Partisanenkampf in Mittelrußland. In: Wehrkunde, 1955, Heft 9, S. 380 ff.

Kreidler, E.: Zur Problematik der Kriegsgeschichte der Deutschen Reichsbahn im zweiten Weltkrieg, Bücherschau der Weltkriegsbücherei, Stuttgart 29. Jg., 1957. Die Eisenbahnen im Machtbereich der Achsenmächte während des zweiten Weltkrieges, Frankf./M., 1975.

Kriegslok Reihe 52. Hilfsheft h 605 – Leipzig 1944.

Kriegstagebuch des Oberkommandos der Wehrmacht (Wehrmachtführungsstab) 1942–1945, Bde. II–IV. Hrsg. von A. Hillgruber (1942), W. Hubatsch (1943), P. E. Schramm (1. Januar 1944–9. Mai 1945), Frankfurt/M.

Kuby, E.: Die Russen in Berlin 1945, München 1965.

Kühnrich, H.: Der Partisanenkrieg in Europa 1939–1945, Berlin 1968.

Kumpf, W.: Die Organisation Todt im Kriege. In: Bilanz des zweiten Weltkrieges.

Kumpf, W.: Der Reichsarbeitsdienst im Kriege. In: Bilanz des zweiten Weltkrieges.

Küppers, H./Barnier, R.:
Einsatzbedingungen der Ostarbeiter, Berlin 1943.

Landfird, W.: Die totale wirtschaftliche Mobilmachung. In: Die deutsche Volkswirtschaft.

Ley, R.: Die große Stunde. Das deutsche Volk im totalen Kriegseinsatz, Reden und Aufsätze 1941–1943, München 1943.

Lindsay, F. A.: Unconventional Warfare (Unkonventionelle Kriegsführung), Foreign Affairs, Januar 1962.

Lippert, J.: Stalingrad – ein Transportproblem (Leserzuschrift). In: Aus Politik und Zeitgeschichte. Beilage zur Wochenzeitung »Das Parlament«, Nr. B 20/60, 18. Mai 1960.

Luther, H.: Der französische Widerstand gegen die deutsche Besatzungsmacht und seine Bekämpfung. Studien des Instituts für Besatzungsfragen in Tübingen zu den deutschen Besetzungen im 2. Weltkrieg, Tübingen 1957, Nr. 11.

Maedel, K.-E.: Die deutschen Dampflokomotiven gestern und heute, Berlin 1965.

Malinowski, W. R.:
The Pattern of Underground Resistance (Das Muster für den Widerstand im Untergrund), Annals, März 1944.

Manstein, E. von: Verlorene Siege, Bonn 1955.

Marshall, G. C./King, E. J./Arnold, H. H.:
Der Bericht des amerikanischen Oberkommandos, New York 1946.

Metsalf, G. T.: Offensive Partisan Warfare (Offensive Partisankriegsführung), Military Review, April 1962.

Michel H./Granet, M.:
Histoire d'un Mouvement de Resistance, Paris 1957.

Middeldorf, E.: Taktik im Rußlandfeldzug, Darmstadt 1956.

Miksche, Lt. Colonel F. O.:
Secret Forces. The Technique of Underground Movements, London 1950.

Militärwesen: Zeitschrift für Militärpolitik, Militärtheorie und Militärtechnik (Berlin). Military improvisations during the russian campaign, Washington (Department of the Army) 1951, 110 S.

Milward, A. S.: Die deutsche Kriegswirtschaft 1939–1945, Schriftreihe der Vierteljahreshefte für Zeitgeschichte, Nr. 12, Stuttgart 1966.

Milward, A. S.: Hitlers Konzept des Blitzkrieges. In: Probleme des zweiten Weltkrieges. Hrsg. von Andreas Hillgruber, Köln 1967, S. 19–40.

Münzer: Deutsche Eisenbahner im besetzten Frankreich, Vereinszeitung 1941, S. 105 ff.

Murawski, E.: Der deutsche Wehrmachtsbericht 1939 bis 1945, 2. Aufl., Boppard 1962.

Nardain, B.: Les-Francs-Tireurs et Partisans Francais et l'Insurrection Nationale (Juin 1940–Août 1944), Paris 1947.

Nennicke, O.: Zur Zersetzung der Kampfmoral in der faschistischen Wehrmacht. In: Militärwesen, 1961, Heft 9, S. 1226 ff.

Ney, V.: Bibliography on Guerilla Warfare (Bibliographie über Guerillakriegführung), Military Affairs, Herbst 1960.

Osanka, F. M.: Der Krieg aus dem Dunkel, Köln 1963.

Österheld, A.: Die deutsche Kriegswirtschaft, Leipzig 1940.

Pfister, E.: The rail transportsituation in the Caucasus 1942–1943. In: Military Review, Vol. 34 Nr. 11, Februar 1955, S. 82–86.

Philippi-Heim: Der Feldzug gegen Sowjetrußland 1941–1945. Herausgegeben vom Arbeitskreis für Wehrforschung, Stuttgart 1962.

Picker, H.: Hitlers Tischgespräche im Führerhauptquartier, Bonn 1951.

Pirath: Aufbauarbeit der Reichsbahndirektion Oppeln in Ostoberschlesien und im Olsagebiet, Reichsbahn 1939.

Pischel: Generaldirektion der Ostbahn in Krakau 1939–1945, Archiv f. Eisenbahnwesen 1964.

Ploetz: Geschichte des zweiten Weltkrieges, Bielefeld 1951.

Postel, C.: Occupation and Resistance (Besatzung und Widerstand), zusammengefaßte Übersetzung in Military Review, Dezember 1948.

Pottgießer: Die Reichsbahn im Ostfeldzug, Wien 1939–1944, 1960.

Pottgießer: Die Deutsche Reichsbahn im Ostfeldzug 1939–1944. In: Wehrmacht im Kampf, Bd. 26, Neckargemünd 1960.

Railroads in defense and war. Hrsg. von der Association of American Railroads, Washington D.C. 1953. Bearbeitet von Helen Richardson.

Rear area security in Russia. The soviet second front behind the German lines, Washington (Department of the Army) 1951, 31 S.

Reed, B.: German Austerities, 2-10-0 – In: Loco-Profile 18, 1971, S. 121–144.

Redelis, V.: Partisanenkrieg. Entstehung und Bekämpfung der Partisanen- und Untergrundbewegung im Mittelabschnitt der Ostfront 1941 bis 1943, Heidelberg 1958.
Reichsgesetzblatt. Hrsg. vom Reichsministerium des Innern, Berlin 1933.

Rezien, P: Tactics of Ambush (Taktik des Hinterhalts), Field Artillery Journal, Dezember 1942.

Rhode: Das Deutsche Wehrmachtstransportwesen im zweiten Weltkrieg. Hersg. vom Militärgeschichtlichen Forschungsamt, 12. Bd., 1971.

Rhode, G.: Die Ostgebiete des Deutschen Reiches, Würzburg.

Richardson, H. R.: Railroads in defense and war. A Bibliography, Washington 1953.
Richtlinien des Oberkommandos der Wehrmacht für die Bandenbekämpfung vom 6. Mai 1944.

Rigg, R. B.: The Guerilla – a Factor in War (Die Guerillas – ein Faktor im Krieg), Army Cavalry Journal, November/Dezember 1949.

Roos, G.: Die deutschen Bautruppen im zweiten Weltkrieg. In: Wehrw. Rdsch. 4, 1954.

Rossi, A.: The Russo-German Alliance 1939–1941, London 1950.

Rossi, A.: Zwei Jahre deutsch-sowjetisches Bündnis, 1954.

Rostow, W. W.: Guerilla Warfare in Underdeveloped Areas (Guerillakriegführung in unterentwickelten Gebieten). Marine Corps Gazette, Spezial Guerilla Warfare, Issue, Januar 1962.

Rumpf, H.: Die Industrie im Bombenkrieg. In: Wehrw. Rdsch. 3, 1953.

Sarter: Landesverteidigung und Eisenbahn, Gerstenberg 1955.

Sasse: Die deutsche Signaltechnik im zweiten Weltkrieg, 1958.

Schaper: Zerstörung und Widerherstellung von Eisenbahnbrücken und Tunneln im ehemaligen Polen, Zeitung Verein Mitteleurop. Eisenbahnverwaltungen, 1939.

Schlichting: Großdeutschlands Spediteurgewerbe – Das Bindeglied zwischen Verkehr und Wirtschaft. Großdeutscher Verkehr 1941.

Schmidt-Richberg, E.: Der Endkampf auf dem Balkan. Die Operation der Heeresgruppe E von Griechenland bis zu den Alpen, Heidelberg 1955.

Schneider, E.: Technik und Waffenentwicklung im Kriege. In: Bilanz des zweiten Weltkrieges.

Schnez, A.: Luftkrieg ohne Terrorangriffe. Studie über den Kampf »Transportsysteme«. Wehrw. Rdsch., Jg. 1952, S. 275–281.

Schoenleben, E.: Fritz Todt – Der Mensch, der Ingenieur, der Nationalsozialist, Oldenburg 1943.

Schuchmann: Deutsche Fronteisenbahner zwischen Westwall und Maginot-Linie, Reichsbahn 1941, Heft 1, S. 4 ff.

Schultz, J.: Die letzten dreißig Tage, Stuttgart 1951.

Schwarze, J., u. a.: Die Dampflokomotive, Berlin 1965.

Scotland, R.: Die Rückwirkungen der Kriegszerstörungen und der Betriebseinschränkungen auf den Verkehr der Deutschen Reichsbahn in den Jahren 1945 bis 1946, Hannover (Dissertation, Technische Hochschule).

Seidl: Die Beziehungen zwischen Deutschland und der Sowjetunion 1939–1941, Dokumente des Auswärtigen Amtes, Tübingen 1949.

Seversky, A.: Entscheidung durch Luftmacht, Stuttgart 1951.

Slezak, J. O.: Breite Spur und weite Strecken, Transpreß-Verlag, Berlin 1963.

Sommerlatte: Verkehrsleistungen der Deutschen Reichsbahn im Kriege, Zeitung Mitteleurop. Eisenbahnverwaltungen 1941, S. 143 ff.

Speer, A.: Die Vergrößerung der Produktion. In: Das Reich, Jg. 1942.

Speer, A.: Erinnerungen, Berlin 1969.

Statistisches Jahrbuch für das Deutsche Reich 1941/42, Berlin 1942.

Stockklausner, H.: 25 Jahre deutsche Einheitslokomotiven, Nürnberg 1950.

Strausz-Hupe, R.: Soviet Psychological Strategy (Sowjetische Psychologische Strategie), U. S. Naval Institute Proceedings, Juni 1961.

Tanham, G. K.: The Belgium Undergrond Movement 1940–1944 (Die belgische Untergrundbewegung 1940–1944), Stanford, Calif., Stanford Universität, 1951 (unveröffentlicht, Dissertationsarbeit für den Doktor der Philosophie).

Teske, H.: Die militärische Bedeutung des Verkehrswesens. In: Bilanz des zweiten Weltkrieges, S. 299–310, Oldenburg 1953.

Teske, H.: Die silbernen Spiegel. Generalstabsdienst unter der Lupe, Heidelberg 1952.

Teske, H.: Der Wert von Eisenbahnbrücken, Wehrwissenschaftliche Rundschau, Jg. 1954, S. 514–523.

Teske, H.: Partisanen gegen die Eisenbahnen. In: Wehrw. Rdsch., 1953, Heft 10, S. 468 ff.

Thomas, G.: Geschichte der deutschen Wehr- und Rüstungswirtschaft (1919–1944/45). Hrsg. von W. Birkenfeld, Boppard a. Rh. 1966.

Tippelskirch, K. v.: Geschichte des zweiten Weltkrieges, Bonn 1951.

Tito, I. B.: The Yugoslavien Army (Die jugoslawische Armee), Military Review, September 1945.

Townsend, E. C.: Espionage, Underground Fores and Guerillas (Spionage, Untergrundorganisationen und Guerillas), Fort Leavenworth, Kan. 1946.

Vereinigung Deutscher Lokomotivfabriken (Hrsg.): Die deutsche Lokomotiv-Industrie im zweiten Weltkrieg (Verf.: Steinhauser). – Frankfurt/M. 1959.

Verzeichnis der höheren Reichsbahnbeamten 1943, verschiedene Merkbücher für Schienenfahrzeuge der DRB, amtliche Unterlagen der DRB.

Wagenführ, R.: Die deutsche Industrie im Krieg 1939–1945, Berlin 1963.

Watzdorf, B.: Vorbereitungen der faschistischen Wehrmacht auf dem Gebiet des Transportwesens für den Überfall auf Polen. In: Zeitschrift für Militärgeschichte, 3. Jg., Heft 1, Berlin 1964.

Webster, C./Frankland, N.:
The Strategic Air Offensiv against Germany 1939–1945, 3 Bde., London 1961.

Welter, E.: Falsch und richtig planen. Eine kritische Studie über die deutsche Wirtschaftslenkung im zweiten Weltkrieg, Veröffentlichung des Forschungsinstituts für Wirtschaftspolitik an der Universität Mainz, Bd. 1, Heidelberg 1954.

Wehde-Textor, O.: Archiv für Eisenbahnwesen, 71. Jg., Die Leistungen der Deutschen Reichsbahn im zweiten Weltkrieg, 1961.

Wehner, H.: Der Einsatz der Eisenbahnen für die verbrecherischen Ziele des faschistischen deutschen Imperialismus im 2. Weltkrieg, Dresden (Dissertation, Hochschule für Verkehrswesen) 1961.

Wiens: Kämpferischer Einsatz der Fronteisenbahner beim Aufstand in Warschau, Reichsbahn 1944
– Bericht über die Räumung des Restbezirks der Ostbahndirektion Warschau.

Wilmot, Ch.: Der Kampf um Europa von Dünkirchen bis Berlin, 2. Aufl., Frankfurt/M. 1960.

Windisch: Die deutsche Nachschubtruppe im zweiten Weltkrieg, 1953.

Winkler, K.: Die Partisanenkriegführung. Dissertation, Mainz 1953 (Manuskriptdruck).
Wirtschaft und Statistik. Hrsg. vom Statistischen Reichsamt, Berlin 1939 ff.

Witte F.: Die Entwicklung der 1 E-h 2 Kriegslokomotive Reihe 52 der Deutschen Reichsbahn (Denkschrift der DRB, Berlin 1942).

Witte, F.: Zehn Jahre Reichsbahn-Zentralamt und die Kriegslokomotiven 1935–1945. In: Lokmagazin 40, 1970.

Wittekind, K.: Aus 20 Jahren deutscher Wehrwirtschaft 1925–1945. In: Wehrkunde 6, 1957.

Wolters, R.: Albert Speer, Oldenburg 1943.

Wozniesieński, N.:
Wojennaja Ekonomika ZSSR, Moskau 1948.

Wrzosek, M.: Znaaczenie Kolei Generalnego Gubernatorstwa dla dzialan wojennych na wschodzie i ich ochrona przez niemieckie sily okupacyjne. In: 20 Lat Ludowego Wojska Polskiego, Warschau 1967.

Ziel, R.: Räder müssen rollen, Stuttgart 1973.

Zeitschriften:

Eisenbahn, Wien, verschiedene Jg.

Eisenbahn-Kurier, Solingen, verschiedene Jg.

Energie, Technische Fachzeitschrift der DAF, Berlin, Jg. 1942

Die Lokomotive, Jg. 1939, Wien und Bielefeld

Schienenverkehr, Wien, verschiedene Jg.

Werksnachrichten der WLF, Wien, Jg. 1941 bis 1944

Zeitung des Vereins Mitteleurop. Eisenbahnverwaltungen (Vereinszeitung)

Organ für die Fortschritte des Eisenbahnwesens (Organ)
Archiv für Eisenbahnwesen

Zeitschrift für das gesamte Eisenbahn-Sicherungs- und Fernmeldewesen

Zeitschrift des Internationalen Eisenbahnverbandes UIC
Eisenbahnfachmann

Ein Wort des Dankes

Ich möchte für ihre freundliche Hilfe meinen herzlichen Dank sagen:

Herrn Dr. M. Haupt und seinen Mitarbeitern, Bundesarchiv, Koblenz.

Allen Herren der Photographic Library, Imperial War Museum, London.

Mr. J. S. Lucas und Mr. P. H. Reed, Imperial War Museum, London.

Commander J. Wronski, Capt. W. Milewski, Capt. H. Dembinski, Capt. St. Zurakowski, Sikorski Institut, London.

Frau Dr. v. Gersdorff und Herrn Dr. Fricke, Militärgeschichtliches Forschungsamt, Freiburg.

Herrn M. Meyer, Militärarchiv, Freiburg.

Frau Dr. M. Lindemann, Institut für Zeitungsforschung, Dortmund.

Herrn Prof. Dr. J. Rohwer und Herrn Haupt sowie ihren Mitarbeitern, Bibliothek für Zeitgeschichte, Stuttgart.

Herrn Dr. Sack und seinen Mitarbeitern, Zentralbibliothek der Bundeswehr, Düsseldorf.

Frau Stöhr und Frau Träxler, Bücherei der Bundesbahndirektion München.

Herrn Keller, Hauptverwaltung der Deutschen Bundesbahn, Frankfurt/M.

Herrn Pfeiffer, Dokumentationsdienst der Deutschen Bundesbahn, Frankfurt/M.

Pressedienst, Bundesbahn-Zentralamt, München.

Herrn Illenseer, Verkehrsarchiv beim Zentralmuseum, Nürnberg.

Herrn Sembritzki, Blom & Voss, Hamburg.

Herrn Glomp, Krauss-Maffei, München.

Herrn Osterwald, Krupp Industrie und Stahlbau, Essen.

Herrn Dr. Flier, MaK, Kiel – München.

Herrn Wolf, MAN-Werk, Nürnberg.

Herrn Noack, Orenstein & Koppel, Dortmund-Dorstfeld.

Herrn Schmidt, Thyssen Henschel, Kassel.

Herrn F. Englberger, Bundbahnoberamtsrat a. D., München.

Herrn H. Wenzel, Koblenz-Metternich.

Herrn S. Horn im Motorbuch Verlag, Stuttgart.

Bildquellen:

Bundesarchiv Koblenz

Imperial War Museum, London

Établissement Cinématographique et Photographique des Armées, Fort D'Ivry

The Library of Congress, Washington D.C.

Archiv M. R. de Launay, Paris

Archiv J. S. Middleton, London

Archiv J. K. Piekalkiewicz

Wir schreiben über mehr als Dampf!

Spannende Abenteuer mit der Eisenbahn, computergesteuerte Modellbahn-Tests, originelle Werkstatt-Tips, einmalige Fotos, Geschichten von Menschen und Maschinen – bei uns finden Sie alles, was Modell und Vorbild an Faszination bieten.

Überzeugen Sie sich selbst! Wir schicken Ihnen gern ein kostenloses Probeheft zum Schnuppern.

Also gleich anfordern – per Postkarte, per Fax oder telefonisch.

MODELLEISENBAHNER
Pietsch + Scholten Verlag
Postfach 10 37 43, D-70032 Stuttgart
Olgastraße 86, D-70180 Stuttgart
Telefon (07 11) 2 10 80 75
Fax (07 11) 2 36 04 15 oder 2 10 80 74